徐徐道来：
做个懂孩子的妈妈

徐桂凤——著

GUANGXI NORMAL UNIVERSITY PRESS
广西师范大学出版社
·桂林·

XUXUDAOLAI：ZUO GE DONG HAIZI DE MAMA

出版统筹：汤文辉
质量总监：李茂军
选题策划：李茂军　戚　浩
责任编辑：王芝楠
美术编辑：卜翠红
营销编辑：杜文心　钟小文
责任技编：郭　鹏

图书在版编目（CIP）数据

徐徐道来：做个懂孩子的妈妈 / 徐桂凤著. —桂林：广西师范大学出版社，2020.1（2023.3 重印）

ISBN 978-7-5598-2383-0

Ⅰ. ①徐… Ⅱ. ①徐… Ⅲ. ①学前教育—家庭教育 Ⅳ. ①G781

中国版本图书馆 CIP 数据核字（2019）第 263786 号

广西师范大学出版社出版发行
（广西桂林市五里店路 9 号　邮政编码：541004
网址：http://www.bbtpress.com）
出版人：黄轩庄
全国新华书店经销
三河市三佳印刷装订有限公司印刷
（河北省三河市杨庄镇杨庄村　邮政编码：065200）
开本：720 mm × 1 010 mm　1/16
印张：16.5　　字数：200 千字
2020 年 1 月第 1 版　　2023 年 3 月第 8 次印刷
定价：48.00 元

目　录

第四章

第五章

前 言

10年前我开始在某儿童医院工作，一方面给有发育行为障碍的儿童评估诊断，另一方面也给因为孩子出现某些问题而感到困扰的家长提供一些养育建议。回头想想当时的我，经常侃侃而谈给家长各种建议，但也经常感叹："为什么我给的建议这么好，家长就是不照着做呢？"后来我自己做了妈妈才发现，原来我当初的很多建议其实都是"站着说话不腰疼"。

有很多看起来很完美的建议，其实并不具有实际操作性。比如，我建议孩子的妈妈，自己在家带孩子就可以免去和长辈之间的养育冲突，却没有想过，当一个家庭靠孩子爸爸一个人的收入不能保障生活的时候，生存才是首要需求。而且一个处在过大经济压力中的妈妈，她的焦虑不安，以及夫妻之间因为经济压力所产生的各种冲突，会从另外的角度影响她与孩子的亲子互动以及孩子各方面的发展。

线上线下接触的家庭越来越多，加上我在养育两个孩子的过程中孩子所教会我的，我觉得目前很多父母存在以下几个方面的问题：

第一，理论知识缺乏、零散或者混乱。很多父母希望学习更多的方法去理解孩子，构建更好的亲子关系，但是，如果只是零碎地去看一些育儿文章，收集的信息往往会比较零散甚至互相矛盾，结果他们反而会在实际操作时束手无策、无所适从、非常焦虑。

比如，有的父母看到一些育儿文章里说"孩子的注意力是要保护的，不要打扰孩子"，于是只要孩子在玩，他们连大声说话都不敢，也不敢喊孩子吃饭或者安排出门去幼儿园。也有家长会问我：“又要给孩子高质量的陪伴，又要不打扰孩子，这听起来非常矛盾，到底该如何操作？”还有家长会因为看过一些关于注意力缺陷多动障碍（俗称“多动症”）的科普文章，就开始担心自己家10个多月的孩子穿衣服不配合是不是多动症，却不明白不同年龄段孩子的发展特点，也不能理解孩子各方面能力的发展是相互关联和相互影响的。

第二，在育儿过程中容易走极端。每当我在科普文章里说打骂孩子是不恰当的养育方法时，总会有父母留言“好好说孩子总是不听，没有办法才打的”，或者“孩子打不得骂不得，都惯坏了”，似乎养育孩子只有苍白无力和强迫暴力，只有一个极端和另一个极端。

除了打骂孩子，这种走极端的情况还出现在养育的其他方面。比如，有人认为孩子2~3岁时就是无理取闹的“小恶魔”，但有人在知道孩子的自我意识发展和秩序敏感期以后，就会认为孩子的秩序敏感期是最重要的，不仅大人要在自己的感受上让步，还要求其他小朋友配合自己家孩子。这种走极端的情况也出现在早期教育上，以前是怕孩子“输在起跑线上”，后来看某些文章说某某国家不准太早教孩子文化知识，结果连孩子出门问街边招牌上的文字是什么意思都不敢回答。

第三，缺少实际操作的体验和学习机会。其实有越来越多的爸爸妈妈开始重视孩子的心理，他们也在通过学习来提升自己作为父母的养育能力，期望能有更牢固稳定的亲子关系。所有父母都希望能系统了解孩子的发展特点，不把眼光局限在细枝末节上。但是每个孩子和每个家庭都如此独特，有些理论在应用过程中需要根据孩子的特点进行个体化调整。

在这种情况下，很多年轻父母即使学习了很多理论和知识，也无法运用，亟需日常生活中的实际操作指导。我就经常听到很多父母说，虽然看懂了很多道理，但是操作起来仍然无从下手。

第四，过度焦虑。养育焦虑在父母中非常普遍地存在着，很多时候这种焦虑放大了某个因素对孩子的影响。有的父母对孩子过度保护，比如有的妈妈会担心："我要出差一个星期，会不会让孩子没有安全感，给孩子留下一辈子的心理阴影？"有的父母担心自家孩子被其他小朋友欺负，一看到其他小朋友靠近就很紧张，总是警告孩子："保护好自己的玩具。""别人打你时你要赶紧打回去。"有的父母对孩子的知识学习非常担心，他们觉得积木、涂色等游戏没有用，读绘本才能长知识。所以有妈妈问我："1 岁多的孩子不喜欢绘本，以后就会不爱学习，成绩不好，没出息。怎么让孩子爱上绘本？"

对于这些问题，如果家长既全景式了解了孩子发展的整体图和走向，又对不同年龄段孩子的具体发展特点有所理解，就不至于因为一些碎片化甚至不正确的信息而过度焦虑和左右为难，也可以避免走极端。

这是这本书希望给大家提供的内容。同时这本书里集合了我自己在线上线下经常遇到的具体问题，通过对具体问题的分析，我希望向大家展示一个极端和另一个极端之间还有很多其他更值得尝试的思考角度和方法，这些恰恰是我们为人父母者需要做功课的地方。

而且，通过具体问题具体分析，也能从解决问题的实际操作方法上给大家提供一些参考。毕竟，学习任何知识，只有口诀或者只有书面描述，都不如配合实际操作演示来得直观和容易理解。当然，这些方法只是提供参考，不同孩子、不同家庭都有自己的独特性，我并不建议生搬硬套，父母需要在引导孩子的大方向上把握好，然后在细节上灵活变动。

养育孩子可以说是这个世界上最难的事情之一，因为这不是学习和掌握某一个操作技能或者某一个操作系统，而是和一个身体、心理都不成熟，也不太善于表达和调控自己需求与情绪的小生命建立连接，和他一起成长。在这个过程中，父母需要关注孩子的感受，理解他的需求，用动态发展的眼光去看待他的成长，以及自己在他成长中的作用。同时，这个过程又不可避免地会触碰到父母自己成长过程中的感受和经历，这些感受和经历可能并不美好，创伤也可能已经结痂，但是在养育孩子的过程中需要被重新掰开和审视。因此，我们需要经常有意识地内省，勇敢面对自己的不完美，这样的父母在养育孩子中往往能获得更大的自我成长。所谓育儿育己，就是如此。

第一章

选择科学的养育观，让孩子得到最好的爱

我以前一直认为养育是单向的，是父母来教养培育孩子。直到自己当了妈妈以后，我才发现孩子其实也滋养了我。

当孩子说“妈妈，就算你让我很生气，我也还是爱你的”时，他们那全身心和无条件的爱，让在生活中挣扎着证明自己价值的我，突然发现原来自己拥有人世间最纯净的爱。

当我们试图去了解孩子为什么这么说、为什么这么做时，我们就会发现，原来良好的亲子关系需要建立在理解的基础上。那个小人儿并不是我们的缩小版，他有自己的认知特点和表达方式。于是，我们通过学习，努力调整自己的沟通频道，本来是想和孩子更好地互动，结果却意外收获了对各种事物的认知。

所谓养育孩子，原来并不是单向的。育儿，也是育己。

1. 到底什么样的育儿方法才是合适的

问 “有人说孩子应该是自由的，我们应该相信孩子的能力，给他们完全的自由和完全的爱；但是也有人说不讲方法、没有规则，孩子会被惯坏。请问，到底什么样的育儿方法才是合适的？”

答 有几种常见的育儿模式：权威式育儿、独裁式育儿、放纵式育儿、忽略式育儿、直升机式育儿……其实很多时候，不同育儿模式的冲突和争论都围绕在情感接纳、亲子互动、界限设置、行为控制、独立性等方面。最麻烦的问题是，总有人从一个极端走向另一个极端。

有些人小时候被父母控制得太严，完全没有感觉到独立和尊重，于是自己有了孩子后就提倡对孩子完全不设限，给孩子完全的自由。这种理论或者方法是这些人对过去的自己进行“过度补偿”。另一些人则因为看到各种新闻里的极端案例，非常害怕孩子会“变坏”，于是给孩子绝对的限制，希望孩子能令行禁止，对自己绝对服从，却忽略了好的亲子关系是最重要的基础。

养育孩子的方法是否恰当，基本从以下三个方面来考虑：

（1）对孩子的接纳和情感互动投入。我们爱孩子，是爱其所是，还是爱我们所愿？我想这是所有父母都需要考虑的问题。因为很多父母总是不遗余力地改造孩子，希望他们按照自己心目中完美孩子的轨迹发展，所以有的父母觉得孩子太安静，希望他能变得活泼，有的父母觉得孩子太活泼，希望他能变得文静。

他们并没有去了解自己的孩子有哪些独特的个性，也没有想过如何养育才能让具有这种个性的孩子健康快乐地成长。他们看到的是这个孩子和他们理想中的孩子有哪些不同，然后想方设法去改变这些不同，却完全不顾孩子是否开心，是否接受，也完全不考虑亲子关系走向何方。

接纳孩子的独特性，及时察觉孩子的各种需求和感受，设身处地站在孩子的角度去理解和思考，亲子互动中流动着温暖和轻松，这样的亲子关系是高质量的，也是安全的。

（2）界限的设置和对行为的管理。很多人一听到界限和管理就抵触，他们觉得流动着爱和温暖的亲子关系是不应该给孩子设界限的，大人也不应该对孩子的行为进行管理，否则就会破坏亲子关系。

其实界限对于孩子的成长是必需的，不谈孩子长大以后所面对的社会必然是有各种界限和规则的，哪怕在孩子小的时候，合理的界限也是孩子向外探索的基础。合理的规则和界限能保证孩子的基本安全，比如不能把手塞进电插孔、不能在停车场乱跑、过马路要看红绿灯、不能从阳台上往下跳……从孩子的心理角度讲，合理的界限也是孩子安全感的基础。

当 2~3 岁的孩子开始试着独立探索这个世界的时候，有一段时间他们总是要求周围物体或者活动安排按照特定的方法或者秩序来进行，比如出门的时候必须按照某种顺序来着装，吃饭的时候所有人都要按照某种特别的顺序排列座位，希望碎掉的饼干能变回完整的状态，等等。孩子有这些表现不是因为他们变成了“小怪兽”，而是因为小小的他们在探索大大的世界时，需要这些秩序来确保这个世界是他们可控的，是有规律的。可预测的生活和可掌控的环境让孩子明白哪些可以做、哪些不可以做、哪些必须做，这样可以减少孩子处在杂乱或者模糊不确定状态下的焦虑不安。此外，一个完全没有规则和限制的孩子，在融入伙伴关系和集体生活的时候，往往也会遇到更多的困难，他们要么被孤立排挤，要么和伙伴之间矛盾重重。

适度的规则和界限其实也是父母对自己的尊重。虽然我们每个人对各种事物和情形的接受度不同，但是我相信每个人都有自己不能接纳的行为。父母不是万能的，也有疲劳、烦躁、伤心、生气的时候。当孩子的行为超出我们的接受底线，或者我们根本没有精力去支持孩子那些没有规则和界限的行为的时候，我们也需要尊重自己的感受。比如，我们希望孩子早点休息，但孩子一直没有节制地看电视；比如孩子总是穿着脏鞋子在沙发上蹦跳；比如孩子 4 岁了还总是要摸妈妈的乳房……当我们不能接受这些的时候，让孩子明白我们接受的边界在哪里，家庭中应该有哪些需要共同遵守的规则，是非常合理而自然的事情。

管理孩子的行为是父母的责任之一。孩子的认知和社交情感的发展局限了他们理解各种行为可能导致的后果的能力。比如，在孩子眼里花瓶是个新奇的东西，他们想看看花瓶里面装了什么，想摸摸花瓶上的纹路，他们不能判断这个花瓶是易碎品，不能预料这个花瓶碎了以后可能有危险，不能明白这个花瓶可能是个古董，也不能体会这个花瓶是主人的心爱之物……孩子不懂，所以他们不知道自己攀爬去拿花瓶的行为不合适，但是父母应该懂，父母应该对孩子的行为进行管理。

界限和爱，界限和自由，并不是绝对相反、完全对立的。无论是大人还是小孩，都不会有绝对的自由，一切自由都是在尊重他人和社会规则，以及不伤害他人、不伤害自己的前提下的相对自由。我们帮助孩子建立规则意识和界限意识，并不代表我们就不爱孩子。

当然，不同的养育模式对于界限和规则的执行方式是不同的。独裁式养育在命令时，不解释为什么，只强调“我说了，你就照做”。放纵式育儿是没有规则和界限，孩子想要怎么样父母就立刻满足。而健康的育儿模式是根据实际情况设立适度的界限和规则，并让孩子明白设立这些规则和界限的原因，而且在设立的过程中不威胁不打骂。

（3）允许和尊重孩子的独立性。不同的养育模式对孩子独立性的看法也有所不同。有的父母非常不相信孩子的能力，他们觉得孩子无法自己做任何事情，所以孩子的所有事情都被他们接手。结果，有的孩子到了10来岁还需要父母帮忙洗澡，有的孩子上小学了还需要父母帮忙穿衣服和喂饭。不仅仅是在生活中，在孩子的社交中、学习中，这类父母都会因为过多承担了本该由孩子承担的问题而非常焦虑和疲惫，孩子也非常容易出现过度依赖的情况。因为很少自己独立完成什么事情，这些孩子在遇到问题的时候往往更加容易手足无措，更加没有自信。

是否允许孩子在他们的能力范围内独立完成自己的事情，也是育儿中应该考虑的重要环节。不要一味代劳、过度焦虑，但是也不要让孩子独自去做超出能力范围的决定。一个健康的10岁孩子不应还需要父母帮忙洗澡，但是也不能让一个不到2岁的孩子完全负责自己的清洁。我们可以让孩子决定明天穿什么衣服，但是不能让几岁的孩子来决定家里是否要买套新房子。

以上是最基本的三个大方向和原则，但是具体如何操作以及有哪些细节需要调整，就是非常个体化的事情了，毕竟每个孩子不同，每位家长也不同。在大原则确定的前提下，探索适合自己的孩子和家庭的方法，才是最重要的。

2. 育儿也要考虑原则和底线吗

问 “育儿的原则和底线是由谁来决定呢？价值观不同，原则和底线是不是也不同？面对不同的情境时，原则和底线可以改变吗？”

答 在育儿中，原则和底线是存在的。具体哪些可以被称作原则和底线，这要分几个部分来看：

（1）无论在什么文化背景下，都是共识的原则和底线。比如，不能因为自己想要玩具就去打人，不能因为生气就去咬人踢人。同样，不能随意给小朋友起绰号，去毁坏别人的或者公共的物品。不做这种因为自己的目的或者需求就去伤害他人或破坏公共物品的行为，是每个孩子应该坚守的原则和底线。

（2）威胁自己或者他人安全的问题。比如玩电、没大人陪伴的时候私自下河游泳、闯红绿灯、行车时不坐安全座椅、在飞机上因为好奇要打开救生门……不做这些会威胁自己或者他人安全的事，也是每个孩子应该坚守的原则和底线。

（3）在社会中生存应该遵守的基本准则。比如，不能不经过允许或者不付钱就把别人的东西带走，不能因为自己开心就在图书馆大叫，不能在博物馆里伸手乱摸展品，不能在安静的餐厅里爆笑拍桌子，等等。这些虽然与自己或者他人的人身安全无涉，但也是孩子应该遵守的规则。

除了这些原则和底线，每个家庭还会有自己的一些规则和安排，这些就会因为文化背景、家庭成员（主要是养育者）的个人成长和教育背景以及家庭结构的不同而存在个体差异。比如，有的家庭的规则是每天看电视的时间不超过 1 小时，有的家庭认为每天不可以超过 2 小时，有的父母则甩手让孩子自己想看多久看多久。有的家庭认为有不同意见可以讨论，有的家庭则认为孩子有不同意见是顶嘴。

然而，很多父母最纠结的往往是基本原则和底线之外的家庭规则。对于这些家庭规则的制定和实施也往往是摇摆度最大的。我们在制定这些家庭规则的时候，要考虑以下几个方面的因素：

（1）规则的制定是出于什么目的？如果直接问这个问题，很多父母会回答："我们建立规则是为了帮助孩子养成良好的生活习惯。"这个回答并没有什么问题，像"吃饭要坐餐椅""每天晚上要刷牙""每天看电视不超过 2 小时"……这些确实是希望孩子养成好的生活习惯，因为这些生活习惯和孩子现在或者未来的健康相关联。

但是不是每项家庭规则都是必需的？都是为了孩子的安全或帮助孩子更好地生活才制定的？比如，有的父母规定孩子见了陌生人必须打招呼，有的父母规定孩子生气了不许发脾气要好好说话，有的父母规定孩子必须和小伙伴分享自己的玩具……这些规则是否真的从孩子的角度思考过？还是父母想让孩子成为自己理想中的孩子或者让自己的面子更好看一些？

要知道，有些孩子看到陌生人会变得紧张和谨慎，这个时候强迫他们去打招呼，会让他们更加紧张和抗拒；要知道，每个人都有自己的情绪，愤怒也是基本情绪之一，要求孩子生气时不发脾气好好说话，对于一个孩子来说非常不现实；要知道，分享应该是孩子在感觉到自己的物品所有权有保障的基础上，能理解分享的概念之后主动的行为，强迫分享只会让孩子抗拒和小朋友一起玩。

（2）规则的制定是否符合孩子在某个阶段的发展特点和能力水平？有的父母规定孩子必须自己收拾玩具。自己收拾玩具确实应该是孩子在成长过程中养成的习惯，但是在制定这个规则时，很多父母没有考虑到孩子的年龄和能力水平。孩子的行为和他们的认知发展水平是相对应的，抛开孩子的年龄和能力水平，只要求行为目标，是不合理的。

比如要求一个2岁的孩子把满屋子的玩具收拾好，而且使用的指令是“快把玩具都收好”。要知道，满屋子的玩具对于一个2岁的孩子来说通常是无从下手的，而且“收好”这个要求具体是怎样的呢？孩子也并不明白。同样，要求一个3岁的孩子一旦坐下来看书就不能乱动，而且必须每次要坐足半个小时，这样的规则也没有考虑孩子认知神经系统的发展水平能否达到。

（3）规则应该由谁来制定呢？我们前面提到的不要危及他人或者自己安全等原则和底线问题，我想大家应该不会有疑问。那么家庭规则呢？是不是完全都由父母说了算？这个要视情况而定。

孩子小的时候无法进行语言沟通，他们的日常安排自然由父母来决定。但是父母的决定也不是一拍脑袋就有的，父母也应该从孩子的需求、年龄和能力水平来考虑，某些问题还需要征求专业人士（比如孩子的牙医、老师等）的建议。

当孩子大一点儿可以进行语言交流的时候，父母可以让孩子参与家庭规则的制定。在孩子理解规则的重要性以后，鼓励孩子表达自己的看法和建议，然后大家商量出一个都能接受的方案。这些可以在每周的家庭会议上进行。

很重要的一点是：一个家庭的规则应该是所有人都能遵守的，不仅仅是孩子。比如，孩子睡前不能看平板电脑上面的视频，那么大人是否也应该不能拿着手机入睡？孩子吃饭时不能玩玩具，大人吃饭时是否也不能看手机？孩子生气时不能打人，大人是不是也不应该一生气就揍孩子？孩子说话要尊重他人，大人是不是也不能“出口成脏”？

（4）规则是否完全不能改变？规则在某个阶段里应该相对固定，不能随着父母的心情而反复变化，也不因为孩子的心情而反复变化。不能因为今天父母不累就要求孩子刷牙，明天父母很累就不要求刷了；也不能因为今天孩子哭了就什么要求都满足，明天孩子没哭就什么都不满足。

但是相对固定是不是代表没有任何松动的空间呢？和孩子说好看 20 分钟电视，结果 20 分钟到了那集动画片还剩一点点，是不是可以让孩子看到结束？平时在家里禁食垃圾食品，是不是到别人家做客或者过年过节可以适当放松？

父母总是很焦虑一旦规则放松了孩子就会学坏了，再也无法回到正常轨道了。行为学上有一个词叫“区辨刺激”，意思是不同环境因素和不同行为结果相关联以后，孩子就会明白有些事情只会在某种环境下发生。应用到实际生活中就是：如果父母告知因为某些特殊的情况所以规则有变化，孩子会明白。他们会知道去别人家做客或者过年过节可以吃零食，他们也会明白为什么周末可以看更长时间的电视。

此外，在成长的过程中，孩子发展的阶段和能力在变化，父母也在随着孩子的成长而成长，家庭环境在变化，社会环境在变化，甚至教育理念都在变化，所以没有什么规则是永远不能变的。

3. 如何坚持原则和规则

问 “我家孩子总是不遵守规则：我说睡前要刷牙，但是她总是不配合，刷牙和打仗一样难；我说时间到了要关电视，她就哭闹不让关，答应了多看一集，结果看了一集又一集，就是不肯关。但是您又说不建议打骂孩子，我真是不知道拿她怎么办了。”

答 就如同前面所说，有些原则和界限是必须坚持的（比如行车时坐安全座椅、刷牙等），有些规则是可以提前协商共同讨论后制定的。希望孩子遵守界限和规则并没有问题，但是具体用什么样的方法来达到这个目的，却有多种选择，至少，坚持原则和界限不等于要通过打骂来进行。

比如刷牙这件事，我们家孩子小的时候，我会把我的牙刷给他们，然后我给他们刷几下，他们给我刷几下。再大一点儿的时候，我就会一边给他们刷牙一边讲自己即兴编的小故事，他们总是听得很入迷，刷牙自然就很配合。有时候孩子爸爸给孩子刷牙之前会让他们看绘本（比如《牙齿村》《鳄鱼怕怕 牙医怕怕》等），或者一边给孩子刷牙一边说“我是牙膏卫士，我要把藏在牙齿后面的细菌给刷掉”。现在两个孩子都大了，我会鼓励他们做“双胞胎”，就是一个决定先刷哪颗，一个负责模仿，两个人刷一样的地方，用一样的姿势，刷相同的次数……“应该刷牙”，这是规则，但是坚持规则的方法也可以很欢乐，也可以有很多种。

对于看电视的问题，可以试试“闹钟法”：和孩子事先讨论并约定每天看电视的时间或者看几集（幼儿节目的长度通常都在每集 5~10 分钟），开始的时候定好闹钟，等闹钟响的时候让孩子自己关掉电视。这种方法对 2~3 岁的孩子通常很有效，因为对这个年龄段的孩子来说，大人让做什么不做什么，他们很容易会反着来，但如果是“闹钟告诉我的”，他们通常会配合。

当然，不是所有的规则或者安排孩子都能愉快地坚持，但是在欢乐和打骂之间，还有很多中间地带和其他的方法。而这些中间地带，也往往是需要父母有意识学习和练习的地方。还是以看电视为例，使用过“闹钟法”的朋友会发现，这个方法不会一直有效，也不会对所有的孩子都有效。若无论什么方法，孩子都坚持要一集接一集地看，否则就会哭闹，这该怎么办呢？

父母要做的是：理解感受、坚持规则和转移注意力。理解感受其实是最难的，因为很多家长会觉得坚持规则就必须对孩子非常严厉，措辞、语气和表情无一不强硬才可以。其实真的大可不必。无论是大人还是小孩，想要的东西得不到，自然而然会失望或者沮丧，有时也会气愤或者伤心，这是非常基础的情绪，没有对错。理解情绪后就不会模糊焦点，就不会认为不让孩子看电视就等于不能抱孩子或者不能和孩子温声说话。其实温和的态度和坚守原则本身不是对立的，在理解孩子感受的情况下温和地告诉孩子和安抚孩子，与孩子一起想象明天可以继续看的场景，这些与“今天不可以再看了”都不冲突。

当然，孩子乍一听会哭闹，不让父母抱，也不听父母的任何言语，没有关系，耐心陪伴和等待。孩子尝试过就会发现：原来不可能通过哭闹改变规则。坚持几次之后，孩子就不会再尝试通过哭闹来解决问题了。在孩子发现哭闹无效而停下来的时候，有的父母会不动声色地帮助他转移注意力，孩子就可以继续其他的游戏或者互动。有的孩子则需要让父母抱着安抚一下他的情绪，或需要父母通过情景复盘来解释沟通……孩子和孩子不同，在不模糊焦点和坚持大原则的前提下，灵活变通就好。

如果孩子的理解表达能力足够好了，父母可以和孩子进一步讨论规则在不同的时候是否可以变动，比如周末和平时是否可以有不同，这些在前文中有具体的讨论。

4. 养育中如何与孩子共情

问 “经常看育儿的文章都讲到共情，字面上的意思我能理解，但是我感觉经常做不到。有时我真的不理解我的孩子为什么有这样那样的行为，也不懂他到底怎么想的。有时我以为我能理解他，但我又不确定是不是真的理解他！能不能请老师说一说，如何做到共情？”

答 共情并不是简单一句“妈妈知道你很生气”就完成了，最重要的是，我们要抛开大人的视角，从孩子的角度来看待问题。大家都喜欢说“可怕的两岁”，其实这就是从大人的视角来做的评判。

比如，从孩子的视角来说，他早上出门是先穿鞋子还是先戴帽子，并不是大人眼里的“小事情”，而是他所要建立和维持的秩序感。这种秩序感让他们感受到独立性，也让他们通过感知这个世界的可控制性，从而在向外探索的过程中有更多的安全感和自信。

当然，就如同这位妈妈在提问中所说，父母不是孩子本人，没有亲身经历过他经历的事情,所以有的时候父母并不知道孩子的感受是什么。这种情况比较常见，对于因为一些原因无法和孩子有高质量亲子互动的父母来说，尤其如此。

所以，最好的共情来自父母和孩子良好的亲子关系，而良好的亲子关系又离不开父母和孩子彼此之间的高质量陪伴。脱离这个大前提，想要达到真正的共情会非常困难，因为这个重要的基础不是只靠技巧来完成的。

当然，父母和孩子是不同的个体，即使彼此之间有很好的依恋关系，也会有不明白对方的体验和感受的时候，这个时候家长该怎么办呢？我建议不要急着运用技巧。家长首先应该承认自己不知道，但是要向孩子表明你真的很想知道。急于表明自己知道孩子的情绪，但是又理解错了，有时候会让孩子觉得更委屈，更生气。所以父母不妨“蹲下来”，告诉孩子你所看到的，但是不加入太多的猜测，并直接询问孩子经过和感受。

想象一下：在人很多的游乐场，你在外围没看清发生什么事情，孩子就哭着跑了出来。这个时候，能做什么？你可以迎向孩子，抱着他，说：“妈妈看到你突然哭了，发生了什么事情呢？” 而不是上来就说：“你怎么哭了，是小朋友打你了吗？”

日常生活中，当父母觉得孩子无理取闹时，也建议不要在什么都不了解的时候，急着用所谓的共情句式让孩子停止哭闹，在耐心陪伴和观察下的直接询问，会帮父母更好地理解孩子的感受。你会发现，孩子并不是无理取闹。

关于共情，还有几个注意事项：

（1）共情的核心是换位思考，是把自己放到孩子的位置，从而更好地理解孩子，建立更牢固的亲子关系，实现更顺畅的亲子沟通。很多时候家长希望通过共情来搞定孩子，却并没有"蹲下来"真正了解孩子的感受和需要，所谓的共情只是一种"招儿"，孩子自然无法有心理的触动。

当然，没有人能完全体会当事人的心情和感受，感同身受并不是那么容易达到的，即使是经历同样的事件，两个人各自的成长背景、性格特征、支持力量等都会让他们产生不同的感受。就像同样是失业或者大学推迟毕业，有的人会觉得失望但是不绝望，有的人则会对自己全盘否定，甚至结束生命。

父母和孩子在一起的时候也是如此，孩子会因为一块残损的饼干而产生强烈的情感波动，父母很难感同身受。但是父母至少可以从孩子的角度试着了解他为什么会这么难受，而不是从自己的角度觉得孩子"小题大做，无理取闹"。这样父母才不会急着去否定孩子的情绪，才能更好地成为孩子的"安全港湾"。

（2）共情本身通常并不能完全解决问题，它只是解决问题的基础。父母希望通过共情体会孩子的感受和需求，让孩子觉得被理解和接纳。孩子觉得被理解和接纳了，才更愿意告诉父母具体的需求，也才会更积极加入寻求问题的解决方案的过程中来。父母也只有真的共情了，才会从孩子的角度去考虑问题，并从孩子的角度去寻找解决问题的方法。所以，共情不等于解决问题，只是基础。

有的时候，父母理解了孩子，孩子自己就能平静下来，自己就会想出解决问题的办法。但是，有些时候，即使父母理解孩子的情绪，孩子仍然会因为需求没有被满足或者没有找到问题的解决办法而苦恼。这个时候，父母可以引导孩子去尝试解决问题，有的时候甚至需要父母帮助孩子想办法。

（3）共情并不需要时时刻刻都使用。想象一个场景，你朋友的车在路上出了故障，手机马上没有电了，他火急火燎地给你打了个电话，然后你开始共情：车子动不了，手机快没有电了，你肯定非常着急吧？我之前也遇到过类似的情况……

我想大家看到这里肯定会笑，我们才不会这么傻，是吧？好，那再想想孩子的情况：父母是不是只要孩子有情绪波动就去共情呢？

比如，孩子一个玩具拼不上，很着急，他跑来找你帮忙。你需要和孩子共情，让孩子情绪平静后再帮忙吗？如果我很着急，对方还在那里慢悠悠地说："你看起来真的很着急啊……" 我百分百会说："知道你就赶紧帮忙啊！"

（4）共情不代表要放弃界限。共情是不能满足孩子的要求，孩子产生沮丧、伤心或者生气的情绪时，父母不去否定和压制他的情绪。不满足要求和理解孩子的感受并不冲突。总有人说："我真的特别理解孩子的伤心沮丧，正因为理解，我就觉得不满足他就是不对的。"对于这点我们需要知道的是：合理要求不要等到孩子大哭时才满足，完全可以在孩子一开始表达的时候就满足。一开始不满足，后来孩子哭闹就满足了，这样的要求其实并不是完全不能满足的要求，或者家长自己对于界限没有特别的理解和坚持。对于真正不合理的要求，我们其实并不会有这样的犹豫。比如孩子从别人手上抢玩具，不让抢就哭，因为没有别人的玩具玩所以很伤心很生气，难道我们为了不让孩子哭就任由他去抢吗？

很多妈妈在经过学习以后，更多地尝试从孩子的角度出发，去理解孩子的感受和需求，这本来是好事，有些妈妈却因此走偏了。比如有朋友和我说，孩子拿着玩具车在楼下玩，一个三四岁的小朋友上来抢，没有抢到，抬手就给她家孩子一个耳光。对方家长上前来把自己的孩子抱住，对我朋友说："我理解我儿子，他是因为没有抢到玩具生气了。"然后转头对自己的孩子说："你很想要那个玩具是吗？你可以告诉妈妈呀，妈妈去给你买一个一样的嘛！"我朋友很生气："我家孩子因为保护自己的玩具被打了一耳光，对方家长不让她孩子道歉，自己也不道歉，凭什么？"

我们可以看到，那位妈妈确实是在努力理解孩子的需求和行为背后的原因，但这就是不设立规则和界限的理由吗？不是。我反反复复和大家唠叨的是：理解和尊重对方的感受，不代表赞成对方的观点和行为。

养育孩子也一样。父母理解孩子抢玩具是因为知道孩子还没有物权意识和人际界限，但是也同样需要在孩子抢玩具的时候去制止。知道孩子打别人是因为他很生气，但是同样需要让孩子明白，在生气的时候打人是一种不好的行为。

5. 与孩子的爷爷奶奶养育方式不一致该怎么办

问 “自从有了孩子以后，我一直坚持学习、使用科学的育儿方法。但是孩子每周末都会去他的爷爷奶奶家，爷爷奶奶总是太宠孩子，什么都替孩子包办，而且奶奶还总是把‘你不乖奶奶就不爱你’挂在嘴边。我多次告诉他们，孩子需要独立尝试，而且不应该拿爱不爱孩子来威胁他，可他们总是不以为然。每次见面，我都觉得自己一个星期的努力被他们两天就毁了。请问，这种情况我应该怎么办？”

答 确实，参与孩子成长的不仅有父母，还有祖父母和其他人。养育孩子的过程中参与的人越多，养育方式不一致的问题就越容易出现，这在很多由老人或者保姆帮忙带孩子的家庭里非常普遍。因为大家都是成年人了，所以改变习惯和方法不是一件容易的事情，尤其是年轻父母和老人关系紧张的家庭。

大人之间不同的养育方式对孩子的影响有多大呢？在回答这个问题之前，先来看一个在发展心理学领域应用非常广泛的理论：生态系统理论。生态系统理论是我最喜欢的发展心理学理论之一，它能帮助父母从更加宏观和整体的角度去看待孩子的发展。生态系统理论的核心是把个体放到多个系统中来看，因为个体受不同水平的不同因素的影响。

和个体直接互动的环境因素被称为“微系统”，包括直接生活家庭、小区游乐场内和其他小朋友的互动、幼儿园里和老师同学的互动等。不同的微系统之间的联系和相互影响，被称为“中系统”，比如老师和父母都属于孩子的微系统，但是老师和父母之间的联系会影响孩子在家里和父母以及在学校和老师的互动。除微系统和中系统以外，那些不包含个体，但是又对个体的微系统和中系统发挥作用和影响的环境，则被称为外系统，比如健康服务场所、小区和邻居、父母的朋友、父母的工作场所。这不难理解。打个比方：如果父母对工作不满意，或是特别疲劳，必然影响到自身的情绪状态和家庭生活的状态，从而影响到孩子的发展。除此之外，还有宏观系统，由文化、价值、法律、风俗、公共资源等构成，比如一个重视儿童心理健康的社会，必然在此方面会有更多举措和公共资源。

孩子从出生就受到这些不同系统的影响，而孩子最终的发展特点和轨迹则是所有系统影响力加上孩子自身与生俱来的气质特征的综合作用的结果。比如一个主要由父母养育的孩子，在他的微系统里父母的作用通常就会大过祖父母的影响，而一个由祖父母抚养长大的孩子，祖父母对他们的影响就更为重要。还有一种可能是，虽然某个家庭成员陪孩子的时间不是最多的，但采用的方法都是极端的（动不动就教训孩子，经常打孩子……），那么很有可能孩子某段时间内的情绪和行为模式受这位家庭成员的影响就更多。而且，随着孩子年龄的增长，他们入学后开始接触更多的微系统和其他系统，父母的影响可能就不再那么有绝对优势了。比如一个青春期和父母关系很糟糕的孩子，伙伴们的看法和影响就会变得非常重要。

之所以说这么多理论的内容，其实是希望减少父母的焦虑。总觉得自己稍稍做得不好就“毁了孩子”，或者觉得孩子成长过程中不能有一点儿不完美的因素，这是很多妈妈（尤其是新手妈妈）焦虑的重要原因。

回到开头的问题中来，过度代劳和威胁式育儿确实是不建议的，但父母是不是需要特别担心，甚至为此影响家庭关系呢？我倒是觉得大可不必。因为就问题里所说，妈妈是主要带孩子的那个人，妈妈和孩子的关系更亲密，相处时间也更长。如果考虑对孩子影响力的大小，通常妈妈的影响力要比祖父母的大。就像我在前面的问题里提到过，不同环境因素和不同行为结果相关联以后，孩子就会明白有些事情只会在某种环境下发生。所以，在爷爷奶奶家依靠喂饭的孩子会明白，回到自己家是要自己吃饭的，就如同很多在家要喂饭的孩子去幼儿园之后可以自己吃得很好一样。

关于威胁式育儿，我家的老人也曾经给孩子灌输一个观念：“不乖的孩子没人爱，你不乖我就不爱你。”当孩子问我“妈妈，是不是我不乖你就不爱我”的时候，我回答他：“妈妈永远都爱你，不论你乖不乖。有什么事情做错了，我们改过来就好了。”结果在老人再次说“不乖没人爱”的时候，孩子会反驳说：“奶奶，你这样说是不对的，做错事情改过来就好了，妈妈是永远都爱我的。”

当然，如果能通过积极和老人沟通而私下达成一致那是最好的，实在无法沟通的情况下，也不用特别焦虑，不同的人之间确实很难达到完全的一致，因为每个人的成长环境和受教育经历都不同。抓住原则问题尽力沟通，不能沟通的时候自己掌好舵，不要因为这些问题在孩子面前起激烈冲突，毕竟关系紧张的家庭对孩子来说同样不是良好的成长环境。

6. 隔代抚养时怎么说老人才会听

问 “我家孩子2岁2个月，孩子的奶奶和我们一起生活，帮着带孩子。有时候孩子想要某样东西，我说不同意，她就会瞒着我偷偷给孩子，有时候她还会当着孩子的面说我太较真儿了。这时候我该怎么做，才能既不得罪老人，又教育好孩子？”

答 这种情况，我建议从以下几个方面来考虑：

（1）没有两个人可以达到完美契合，就算是灵魂伴侣也不可能百分百做到。两代人的成长经历非常不同，自然育儿观念也差异很大。提问的这位妈妈在遇到分歧的时候，想要用比较平和的方式来面对差异，希望给孩子更好的教育，这是非常好的出发点，应该也是大多数年轻妈妈在遇到两代人育儿分歧时最初的想法。

面对育儿差异的时候，我首先会考虑：哪些是原则问题？哪些是可以不用在意或者暂时不用太担心的问题？客观来说，老人帮忙带孩子通常能减轻年轻父母的育儿负担，让在职的年轻父母们仍然可以继续上班的同时，孩子在生活上也能得到相对细致的照顾。自己带过孩子的父母也都明白：全天带孩子其实是非常辛苦的事情，而老人们通常都是本着爱孩子的心才来帮忙的。在理解这些的基础上，就能学会理解和感激，然后抓大放小。

如果不同的大人在原则性的事情上立场不同，并且相互之间没有任何沟通，那么传递给孩子的信息就很难达成一致，也很容易让孩子在原则问题上界限感不明。比如，父母教育孩子不要打人，但是老人告诉孩子谁抢他玩具就揍谁，如果孩子同时和父母、老人居住在一起，两者的影响都比较大，有时候会让孩子无所适从。

再比如，有时候孩子打滚哭闹也不能得到满足，有时候只要打滚哭闹就什么都可以得到，这种情况在行为分析学上被认为是“间歇性不定时的强化”。行为学研究的数据显示：这样做会让孩子打滚哭闹的行为持续更久，对于年龄越小的宝贝越是如此。这并不难理解：虽然有时候打滚哭闹没有达到目的，但是有时候可以啊，不妨试试嘛！

确实，养育孩子并不是所有人在任何环节都必须一模一样，不同的人不同的模式才是真实的人生。所以，父母还是需要抓大放小，原则性的重要问题需要在沟通之后保持大方向上的基本一致，比如，不能因为孩子打滚就满足任何要求，孩子打人时需要及时制止等。但是，在原则和大方向一致的前提下，每个人坚持原则和方向所使用的方法可能会不同。比如有的人是转移孩子的注意力，有的人是和孩子讲道理，有的人是寻找原因进行针对性的处理等。无论每个大人的应对方式有什么样的不同，但都同意“不想上学就不去”是不可以的，“只要你不哭我什么都给你买”也是不可以的。

当然每个家庭每对父母对于什么问题很重要可能看法不同，这就需要大家坐下来想想，排一排心目中问题的优先级。

（2）想好问题的优先级以后，要针对不同情况进行具体的沟通。有的年轻妈妈觉得自己和老人说，尤其是和孩子的爷爷奶奶说，他们会觉得被儿媳妇掉了面子，这种情况下可以考虑让爸爸来负责与孩子的爷爷奶奶沟通，自己负责和孩子的外公外婆沟通。但是在这之前，建议和“队友”提前说好，不要抱着指责的态度去质疑，而是用尊重老人的平和方法沟通，比如和老人一起讨论某个育儿问题，或者从某个新闻引申到要谈的话题，等等。

和长辈沟通需要记住一个基本原则：解决问题前先调整情绪，因为彼此的理解、氛围的和谐是顺畅沟通的基础。很多妈妈因为着急，所以和老人沟通时会用指责的语气，直接不客气地指出老人的错误，这往往使老人本能地抗拒，导致沟通失败。其实人都是一样的，具有攻击性的建议，很容易激起对方攻击性的“自卫”行为，这时对方的建议也是很难听进去的。如果一开始就把彼此摆在对立面，很多人最后在意的已经不是事情的恰当与否，而是面子问题了。所以有些人会在明明知道自己做得不妥当的情况下，挺着脖子硬扛。

（3）如果妈妈陪伴孩子的时间很多，比如全职在家带孩子，还可以考虑和老人协调分工。比如和老人商量好，孩子发脾气哭闹的时候，老人要是看着舍不得，总是忍不住要用零食哄孩子，可以自行避开，关上房门看电视或者出门溜达溜达都可以，让妈妈或者爸爸来全权处理。如果有不同意见，可以私下沟通。

（4）因为各种原因确实无法和老人很好地沟通和协调时，就要看个人的取舍了。有没有可能维持现状，只抓关键问题（基本的安全健康问题）？就如同前面所说的：孩子受到不同人的不同影响，父母可以做好自己的这部分，和孩子有良好的亲子连接，让孩子更多地被自己影响。而且，父母的言行，其实无形中也会被其他家人看到，对他们或许也会有潜移默化的影响。

但是，如果连基本的关键问题都不能保证，比如老人总是打骂甚至虐待孩子，哪怕家庭现状不佳，也需要做出改变：要么自己带，要么找合适的托儿所，要么请人帮忙。

我知道“自己带孩子”或者“请别人帮忙”对于有些家庭来说或许都是站着说话不腰疼的建议，因为每个家庭的实际情况不一样。但是，凡事需要考虑优先级和重要性，为了孩子最基本的安全和健康，我们总得尽最大的努力，不是吗？

7. 频繁更换养育者会给孩子带来什么影响

问 “我的孩子 1 岁 5 个月，一直是保姆阿姨、爷爷奶奶、我姐、我妈轮着来帮忙带。但是每个人带的时间都不长，每次孩子适应不久，就要换人。我发现孩子最近都不怎么理我，但是有时又会非常黏我，如果我抱着他，他又发脾气打我的脸。他看见我出门就抱着不撒手，而且一天要反复喝奶 20 多次。孩子这样的表现是安全感不足吗？和总是换人照顾有关系吗？我和老公因为都要工作，白天也没有办法照顾孩子，我可以把孩子送到私人托儿所或者幼儿园的托班吗？”

答 可以从以下方面来考虑：

孩子在现在这个年龄段确实很容易出现分离焦虑，即使妈妈全职在家，孩子也会恨不得时刻和妈妈在一起。目前他的表现有一个需要引起注意的点是：孩子和妈妈在一起就需要频繁吃奶。频繁的非营养性吸吮在这种情况下很可能和孩子的分离焦虑有关，吸吮喝奶是孩子自我安慰以及确定与妈妈亲密关系的一种方式，这也是为什么很多孩子在妈妈上班后晚上睡眠质量倒退、喝夜奶变得非常频繁的原因之一。

严格来说，在孩子确定稳定的安全型依恋（至少是18~20个月）以前，稳定的照料者非常重要，因为这是亲子依恋建立的关键时间段。如果妈妈上班，家里有一个稳定的照料者，孩子会与妈妈和这个照料者各自形成亲密关系以及不同类别和层级的依恋。虽然这两者养育模式和方法的不同可能会让孩子在和他们各自相处的时候行为习惯上有些不同，但是通常安全感和依恋关系并没有太大的问题，这是适应性表现。

提问中的家庭养育人变化得过于频繁：保姆、爷爷奶奶、姨妈、外婆，而且变化时间间隔都很短。这确实是应该避免的，因为不同照料人的互动模式、对孩子行为的反应、生活安排甚至哄睡方式等都不一样，孩子一直处于动态适应中，稳定状态会受到影响。比如外婆带3周，孩子可能刚适应，然后换人了，孩子又得重新适应……对于这个年龄段的孩子来说，他们处于平衡自身安全感和探索外界的动态矛盾中，比较一致的养育模式和可预测的生活路径与养育反应往往能让他们更安定，更愿向外探索。

如果孩子大一点儿，变换养育者其实在一定程度上也锻炼了孩子的适应能力，但是现在孩子的年龄还是太小，需要更稳固的养育者关系。我赞成不把孩子送回老家，也觉得辞职并不是完全必需的（而且这也是家长的个人选择），那么，在这个基础上，父母需要考虑的是如何让孩子的生活和养育者更加稳定，只有稳定了，孩子才不会在适应和焦虑方面耗费太多的精力，而将之更多用于探索和发展认知。

如果我面临这种情况，我会做如下考虑：

有没有可能让老人在孩子入托班之前稳定待一段时间（我不知道具体情况，老人请假的可能性大不大）？或者有没有信得过的人可以请过来帮忙？当然，选择帮忙照顾孩子的人要慎重考虑。

如果实在没有办法，我会考虑私人托班，因为年后就去托儿所，提前熟悉不是坏事。但是另一方面，对托儿所的考察也很重要，比如环境、老师和孩子的比例（1个老师带的2岁以下孩子不超过4个）、带孩子的方法和态度等。

我觉得最佳的办法是：如果妈妈能调整工作模式，比如在家工作或者短期休假，每天陪同孩子去私人托班待2~3个小时，帮助孩子调整和适应，然后再送孩子去全天托班，这样可能会更好一点儿。

当然，每个方法和选择都有利有弊，我的看法和建议只能供参考，最终还是要父母和家人商量权衡之后来做决定。

8. 孩子出现大人无法接纳的行为时如何应对

问 “我家宝宝现在1岁4个月，有时候会做一些危险的举动，比如爬到沙发顶上往下跳。因为很紧急，所以我有时候会很大声地制止他，不知道是不是反而强化了这种行为，他反而觉得好玩，不停地去尝试。我有点迷茫，不知道他在做危险举动的时候该怎么应对。”

答 确实，不太可能孩子所有的行为都处在家长的接纳区里，家长总会因为安全或者其他原因对孩子的某些行为难以接纳。对于这些行为，心理学家戈登（Thomas Gordon）博士在《父母效能训练》（*Parent Effectiveness Training*）这本书里提到，我们可以从三个方面来应对：改变自己的看法和期待值、改变孩子的行为和改变环境。这三个方面有些时候只需要做其中一个方面的改变，有的时候则需要从多个方面综合进行。

对于孩子从沙发顶端往下跳的行为，家长第一反应确实是觉得这种行为很危险。但仔细想想这种行为是否真的危险？通常沙发都不会很高，如果家里有地毯的话，也不至于受伤。另外，幼儿处在运动探索学习的阶段，确实喜欢攀爬蹦跳。如果家长能理解孩子的发展特点，改变自己对于行为危险与否的预判和估计，也可以什么都不做。

如果沙发很高，地上没有地毯，家长也不介意孩子在沙发上蹦跳，但又担心孩子受伤，可以考虑改变环境，将孩子行为的危险性降低。介绍一下我自己的做法。我家大儿子小包子有个阶段也喜欢爬到沙发顶上往地板上跳，而小 2 岁的妹妹小团子也会跟着模仿。只要是安全的，我个人可以接受孩子的蹦跳行为。所以我去买了两个“懒骨头”沙发，放在沙发边上，如果跳就让他们跳到那个上面。这个阶段大概持续了 2 周，后面他们对此就不感兴趣了。当然，我家客厅那一块有地毯，所以其他家长如果想用相同的办法，也可以考虑垫一块厚一点儿的游戏垫，再放上类似的缓冲物，这样孩子一般不会受伤。还可以考虑的方式是：不阻止孩子的蹦跳，但是邀请孩子在地板上蹦跳。

而孩子的有些行为本身是不合适的，确实需要改变，比如抢别人的东西、打人等。那么改变行为有很多种办法，大一点儿的孩子可以和他们沟通，让他们明白行为的不恰当之处，然后教他们更合适的行为。比如，不能抢别人的东西，但是可以轮流用或者交换，不应打人，但可以用语言告诉别人自己很生气等。

但是对于年龄小的孩子，他们的语言沟通能力和理解能力有限，自我调控能力也有限，与其用语言进行沟通，不如转移其注意力或者直接引导其进行其他替代性活动。比如提问中的孩子只有 1 岁 4 个月，对这个年龄段的孩子讲道理无用，父母表现激烈也确实可能强化孩子的行为。

这个时候我的建议是：尽量减少在沙发附近游戏和活动的机会。既然你不想让他这么做，那么不让他有机会完成在沙发上跳跃就好。比如看到孩子开始爬，就抱开他，陪他去玩其他的游戏。或者制造机会让孩子在更安全的地方攀爬跳跃，满足孩子攀爬跳跃的需求。

9. 孩子不能达到父母的期望怎么办

问 “3 岁 10 个月的孩子，家长不打不骂甚至从没大声说过他，尊重他的想法，凡事都跟他沟通商量，为什么他在同龄人中反而显得更易失控，更爱发脾气？”

答 我们有个思维误区：“因为我这么做了，别人没有这么做，所以我的孩子在某个方面就一定会比别的孩子好。”这也是令很多妈妈沮丧的地方，比如有的妈妈说：“我提前学习了那么多，做了那么多准备，为什么我的孩子上幼儿园还是和别的孩子一样？”

其实仔细想想就会明白。孩子是独特的个体，所以父母无法百分之百按照自己的心愿塑造一个孩子出来。哪怕是最严格的“工艺”，哪怕孩子短时间内和父母设想的一模一样，他们都会在某个时刻用某种形式告诉父母：我是我自己。

而且孩子的成长受很多因素共同作用，包括他自己的气质特征、父母的养育、祖父母的养育、所处的社区环境、学校、大环境等等。

有人问我：“徐医生，你学的专业就是儿童发展和心理，你的孩子肯定都是天使宝宝吧？”我不知道“天使宝宝”是什么样的，但是我知道，我的孩子们在不同年龄段同样有他们各自要面临的挑战和问题。比如：小包子是个活跃度和兴奋性很高的孩子，他对于各种变化很敏感；小团子独立意识强，会有要求得不到满足就非常生气的表现。

我所理解的学习也好，专业也好，不是学了以后去给孩子“脱胎换骨，回炉重造”，也不是使孩子按照父母设计的方向成为“天使宝宝”，比其他的孩子都“好”。我觉得学习的根本目的应该是更多了解孩子的成长规律，理解孩子的内心想法，从而知道孩子出现什么样的情绪或者行为是因为什么，孩子在面临这样的挑战时，父母可以提供哪些引导和帮助。

所以，我应该做的不是用我自己的专业知识把小包子“变成”一个活跃度适中、不那么敏感、不那么容易兴奋的孩子，而是引导他用更合适的方式表达兴奋，在公共场合不要因为活跃度兴奋性高而伤害到其他小朋友或者破坏规则，同时，我需要在社交练习中引导他学会用更合适的方式参与到伙伴的游戏中。

同样，我知道他是个敏感度高的孩子，我也知道活跃度兴奋性高再加上敏感度高的孩子，会面临很多特有的挑战。因为活跃度兴奋性高，所以他可能会比别人更容易“做错事情”，但是别人的批评和责备他会很敏感地察觉，让他有更多不安。这个时候，我就明白，我还需要在他面对这种沮丧不安的时候，引导他表达情绪感受，让他愿意向我倾诉，也引导他用自己的方式调整情绪状态。

回到所提的问题中来。家长对孩子的描述是“在同龄人中显得更易失控，更爱发脾气”，首先我不知道这个描述是否准确，因为我并不是百分百了解其他的孩子每时每刻的情况，做父母的也更容易在焦虑的情况下夸大自己家孩子的问题。就算父母对孩子的行为描述是准确的，我也不清楚孩子本来的气质特征如何。因为有一些孩子，他们生来情绪表达方式就更为激烈一些。比如还是小宝宝的时候，有的孩子就会因为饥饿或者尿布不舒服而激烈啼哭并且很难安抚，有的孩子则哭闹不激烈而且容易安抚。

如果孩子气质特征里的情绪反应本就激烈，那么后天的养育环境和方式虽然可能有一定的影响，但是想要完全改变还是非常困难的。这个时候需要考虑的是：父母是不是真的理解孩子的需求和感受？父母和孩子的沟通是不是真正有效的沟通？有没有教过孩子其他更合适的表达情绪的方法？有没有和孩子一起练习过情绪到来时如何去管理它们？孩子发脾气的时候，家长的应对模式是不是无意中强化了孩子哭闹发脾气的行为？总之，和别人的孩子进行直接比较其实意义不大。因为每个家庭的亲子模式不同，养育环境不同，孩子的气质性格特征就会不同。如果真的要比，应该拿孩子过去的表现和现在的表现比，看到孩子的动态变化，从而理解孩子，调整方法。

最后，我想提一点：父母学习，其实从根本上来说，是为了自己有更多的成长，这样才能理解和跟上孩子的成长。

10. 如何减少父母失控对孩子的心理影响

问 “我今天做了一件非常不对的事情，就是对3岁8个月的女儿又打又骂，还威胁她晚上不准和我睡觉，原因是她把刚买的玩具给弄丢了，结果她伤心地睡着了。我担心她会留下心理阴影，如果会的话，如何帮她消除呢？”

答 看到这位妈妈说自己做得“非常不对”，就能够明白她对于自己当时的做法是比较懊悔的；担心给孩子留下心理阴影，说明这位妈妈也是在意孩子的心理健康的。

我无意去增加这位妈妈的心理压力，但还是觉得需要稍稍提几句：父母不能等到给孩子带去伤害了才开始去在意孩子的感受，而是在与孩子日常相处的时候都要这么做。当然，很多人以前没有这个意识，但是没有关系，自己也可以多提醒自己去调整并练习的，努力把无意识发脾气变成有意识站在孩子角度去换位思考。

如果我是孩子，妈妈新买给我的玩具被弄丢了，必然是非常伤心沮丧的。这个时候如果妈妈给我一些安慰，陪我一起找找（不一定要重新买），即使最终仍然没找到，我虽然还会心情沮丧，但是这种沮丧只是因为玩具，我以后也会更加注意。

但是，如果妈妈一听说我的玩具丢了，就又打又骂，还说不准和她一起睡觉（看得出来，和妈妈一起睡觉对这个孩子来说是很重要的），我的心情就不仅是丢玩具的沮丧了，更多的还是害怕和伤心：害怕妈妈的打骂，伤心在妈妈眼里玩具比我重要……

关于父母发脾气和孩子的心理阴影，我不止一次说过，需要看的是父母的长期模式，而非偶然的一两次行为。偶然的一两次行为，父母情绪失控，还可以事后和孩子解释，向孩子道歉，告诉孩子自己爱他，请他原谅，如此处理后通常不会造成孩子长时间的心理阴影。

父母都是普通人，也会犯各种错误，绝大多数情况下（极端情况除外），犯的错误并没有那么可怕。美国著名儿童心理学家鲁道夫·德雷克斯（Rudolf Dreikurs）提出，一个“不完美”的成年人，会让孩子知道每个人都是不完美的，父母犯了错误，可以不断改正从而提高他们自己。在孩子面前永远不会犯错误的父母，会给孩子巨大的心理压力，孩子很难用成长的思维去看待错误，而是对自己的错误非常抗拒，觉得很羞愧甚至自卑。

但是，父母需要避免的是，一边道歉，一边辩解和指责孩子。常见的句式是：“妈妈打你是不对，但是你……（此处省略两千字）”这种方式并不是在道歉，而是裹着道歉糖衣的指责，并不能让父母和孩子之间的连接被重建，只会让孩子关闭和父母沟通的心门，激起更多的对抗。

我建议的方法是：道歉以后，听听孩子的感受和想法，试着去理解孩子，哪怕不能，也试着去倾听。倾听以后，再和孩子站在同一战线上，商量怎么去解决问题。很多时候，孩子的视角和方法会让你眼前一亮，柳暗花明。

值得注意的是，如果父母一直都是这种模式，频繁打骂孩子，威胁孩子，就算有的父母会事后道歉，也难免会对孩子产生长期的不良影响。

而道歉时所说的“爱孩子”，也迟早会被孩子质疑，最终失去孩子的信任。这种情况下就需要积极求助，改变自己的生活和心理状态非常重要。

11. 怎样避免父母之间的冲突给孩子带来伤害

问 “我的孩子1岁，有时会看到我和他爸爸吵架并有肢体上的轻微冲突，有时我情绪不好也会对他说他爸爸不好。事后我很后悔，请问我可以怎么补救呢？”

答 这个问题是很多家长担心的，毕竟作为夫妻，我相信完全没有摩擦和冲突的情况极少。那么，孩子目睹了父母的语言和肢体冲突，会对他造成很严重的心理影响吗？其实不一定。

首先，要看孩子的年龄。很多孩子比较小（咨询我的家长中有的孩子只有4个月），他们对于语言和行为的理解可能还没有那么清楚，但是，这个时候孩子已经可以理解父母的语气和表情了。即使他们不明白语言和动作，他们也会感觉到气氛的紧绷。

其次，频率很重要。有的父母天天争吵甚至大打出手，那么孩子就会经常处于不稳定和紧绷的环境之中。孩子看到父母突然变为和平时大不相同的表情，或者听到高分贝的刺耳声音时，会感到害怕。

在这种环境中长大的孩子，要么会非常警觉，对环境里的动静反应大，好像总是在预测危险，要么会开启屏蔽模式，对父母的吼叫进行屏蔽。每次父母吵架的时候，为了不让父母把战火烧到自己身上，他们会默默地躲到一个角落或者自己的房间里，最大限度地降低自己的存在感。

提问的这位妈妈的孩子还很小，看得出来，夫妻冲突也不是非常剧烈和频繁，这种情况不需要特别担心。和孩子爸爸就这个问题聊一下，达成约定，尽量用其他方式沟通，同时和孩子高质量互动，就可以了。

即使是孩子年龄更大一些的家庭，也要相信：改变，任何时候都不晚。家庭成员之间互动模式的动态变化，会慢慢改变孩子在环境中的感受，也会改变他的行为，包括对父母的依恋行为，还非常容易出现家庭关系的失衡。通常三口之家比较理想的状态是，父母并肩站在孩子背后，给孩子提供支持。

如果父母关系出现很多冲突和不稳定，常会导致两种情况：第一种是夫妻双方用孩子的问题来掩盖彼此之间的冲突矛盾，孩子的问题被过度放大。似乎只有孩子有问题了，彼此之间才可以达到一致的状态，从而选择性遗忘夫妻之间本来的问题。第二种情况是夫妻要求孩子站队。比较常见的是妈妈在孩子面前诉苦和数落爸爸，而孩子为了“保护妈妈”和维护妈妈与自己的亲子关系，不得不站到妈妈的身边，一起去指责甚至仇视爸爸。

所以，如果夫妻之间存在问题，最好的办法是先解决自己的问题，不要把问题转嫁到孩子身上，更不要向孩子灌输另一方不好的看法。更健康的状态是：孩子坚信即使父母吵架闹矛盾，他们两个人也是爱自己的，他们这样不是因为自己做错了什么。

第二章

走进孩子的内心，远离情绪陷阱

情绪本身（无论是开心、伤心、生气、害怕这些基本情绪，还是嫉妒、尴尬、内疚等这些高级情绪）是没有好坏对错的。情绪不仅是每个人逃不开避不掉的客观存在，也是我们生存必需的因素，它们帮我们更好地感知自己在各种环境和关系中的处境，帮助我们适应和生存。情绪的认知、情绪的合理表达、情绪的自我调节、认识他人情绪，以及在社交中对自己情绪的掌控和对他人情绪的感知理解，都不是与生俱来的，这些能力和大脑发育、认知发展及语言发展密不可分。

抛开孩子的年龄阶段和发展特点，割裂地要求孩子马上有很强的情绪能力，这是不现实的，也必然会导致父母和孩子双方出现更多的摩擦和沮丧。孩子这些情绪能力的发展，需要孩子在关系中去体验和观察，也需要大人提供适度的引导。

1. 孩子遇到挫折就情绪爆发怎么办

问 “3岁孩子抗挫折能力很弱，遇到很小的挫折就情绪爆发，该怎么处理？比如他搭积木，积木太高倒了后就大哭，除非大人立马给他重新搭起来，不然怎么安抚都不行。我该怎么让孩子的抗挫折能力强起来？”

答 同样是3岁的孩子，有的孩子看到积木倒了，会呆一下，然后继续重新搭；有的孩子看到积木倒了会不高兴，然后把积木推开不玩了，即使大人鼓励也不行；有的孩子看到积木倒了会哈哈大笑，然后继续搭高并故意推倒，再哈哈大笑；有的孩子看到积木倒了就很生气难过，一定要看到积木还原才可以，而且还不要自己动手，一定要大人帮忙……

你看，同样一件事情，会有好几种不同的反应，这些一定是孩子抗挫能力决定的吗？其实并不一定。因为每个孩子气质性格特征不同，他们对待同样一件事情可能出现的情绪反应的激烈程度就会不同，有的很激烈，有的很平和。同样，即使是同一年龄段的孩子，他们的认知发展水平以及自我情绪安抚能力也会有差异。

如果一个情绪反应强度偏大的孩子，正好处于凡事必须按照自己要求进行的年龄段，偏偏他的自我情绪安抚和调整能力还不太好，那么他在看见积木倒掉的时候，情绪反应就会更强烈，持续时间就会更长。他可能会通过躲避任务的方式避免再次经历负面情绪，也可能希望通过大人的帮助让事情回到自己期待的样子，从而让自己的情绪好起来。

抗挫折能力强不等于孩子在遇到挫折时不能有情绪，只能是冷静的、理性的，而是在情绪发生以后，他们能更快从压力或者沮丧的情绪中走出来，并能继续坚持尝试。孩子才 3 岁，现在就下结论说他的抗挫折能力弱还为时尚早。

父母其实可以借助这些时机来给孩子示范，如何在遇到困难和挫折时再次尝试。比如，看到孩子的积木倒了，大人能否在孩子哭出来之前，抢先做出夸张好玩的表情，同时发出惊讶的声音？很多孩子看到父母这样的反应都会觉得好玩，不仅不会哭，还会笑出声。

然后，父母再演示："咦？积木为什么会倒了呢？我们一起再看看怎么搭，我先放一个红色的，宝宝你再放一个蓝色的吧……啊！现在已经好高了，我再放一个看看会不会倒？ 咦，没有耶，因为大的放在下面更好一些。现在轮到你来试试啦……啊！又倒了！哈哈哈，这次比刚才还高些，来，按个大拇指！要不要再试一次？……"

父母还可以利用游戏和日常生活的场景，向孩子演示遇到挫折也没有关系，可以找找原因多试几次，尝试的过程本来就已经很有乐趣了。如果孩子发现父母也会犯错也会失败，而且犯错和失败以后大人也不会被打倒，而是想办法来解决，那么错误和失败，对于孩子来说就没有那么可怕，他们也会学着父母的样子去努力尝试。

2. 孩子情绪不稳定时的“赌气式”语言该如何应对

问 “我的女儿4岁了，最近特别喜欢说：‘我讨厌妈妈。’‘我讨厌菜。’经常把‘讨厌’这个词挂在嘴边，情绪比较不稳定，不满足就生闷气。我该怎么跟她沟通呢？我在想，是不是跟我平常对她爸爸态度不好有关系呢？或者是因为我照顾小宝多而关注她太少了？”

答 这个问题看起来不长，却涉及几个大方面的内容：第一，二胎养育；第二，父母养育模式；第三，对孩子“赌气式”语言的应对。其中，二胎养育的问题以及应对方法，可以参考相关主题。

另外两个方面的问题，我们可以从以下两个方面来看：

（1）对于父母养育态度这个问题，我个人的感受是：很多这个年龄段的孩子都会很快学会父母与自己及家人之间的对话模式。我就曾经不止一次听到我家小包子用我和他说话时一模一样的语气，甚至一模一样的字词和小团子说话，连语句后面的尾音都一样。

所以，当孩子总是用好似赌气或者威胁的方式说话的时候，大人需要反思一下，是不是自己平时说的话里也有各种威胁、发泄情绪的语句？如果大人之间都是如此，言传身教之下，父母很难要求孩子能用平和的方式来沟通，或者用更合适的方式来表达情绪。

所以，如果父母想要孩子改变说话互动的方式，就需要先调整自己的说话方式，不要经常把孩子放在父母的对立面。即使有一些需要应对的问题，那大家也应该是战友，而不是把孩子连同问题一起推到父母的对立面。

（2）当孩子说“赌气式”语言的时候，非常重要的一点是父母的冷静和接纳。很多家长在孩子说“讨厌妈妈”“不要妈妈”的时候，会非常气愤沮丧，有些妈妈会觉得孩子在其他家人面前羞辱自己，有些妈妈自己以往的创伤甚至会被刺开。

家长需要理解的是，孩子这么说不等于他们真的不爱你们了，绝大多数情况下这只是孩子宣泄情绪的方式。虽然不成熟，但是有时候很管用，因为很多父母会对这句话有很大反应，让一些长期被压抑或者被愤怒填充的孩子，感受到了自己语言的力量，也让很多需要父母关注的孩子，在这个时候获得了父母的关注……而这些，恰恰都强化了孩子这么说的行为。所以，在孩子说“讨厌”这个词的时候，不要过度反应。

如果小包子说“讨厌青菜”，我会说：“是吗？妈妈小时候也有不喜欢的青菜。”然后不必继续讨论这个话题。等孩子情绪稳定以后，再找机会和他看食物金字塔或者各种与此主题相关的绘本，让孩子明白青菜虽然不是必须吃的，但是健康的饮食搭配需要它。此外，平时不强迫孩子吃不喜欢的食物是必要的。多次提供、适度鼓励、不强迫是我提供食物的大原则。

当孩子说“讨厌妈妈”的时候，不要只是从字面意思去理解，而是要当一个好的“翻译机”，对文字背后的信息进行准确的解码。孩子这么说是因为失望或者生气，还是想要吸引妈妈更多的关注？如果小包子、小团子说“讨厌妈妈”，我通常会告诉他们：“妈妈知道你现在心情不好，可是无论怎样，妈妈都爱你。”

如果孩子只是随口说着玩，家长可以用撒娇耍赖的语气说：“可是，妈妈还是很爱你的，怎么办呢？” 有一个朋友告诉我，当她这么和孩子说了以后，孩子扭捏了一下，说：“那好吧，你可以爱我的。”

3. 孩子固执己见该怎么办

问 “我儿子快 2 岁半了，很固执，软硬兼施效果都不好。早教中心的老师也这么说，每次耐心地跟他说‘先吃完东西，我们再玩玩具’，他口头答应得挺好，但实际行动不是这样的。我该怎么办？”

答 我其实不太喜欢说小朋友“固执”，这是一个明显带有贬义暗示的标签词语，听到的人马上就感受到了负面的评价。

根据心理学家爱利克·埃里克森（Erik H Erikson）的理论，幼儿期孩子的社交和情绪发展特点是在“自主和羞愧怀疑”的矛盾中“行走”的。从孩子开始有语言表达的时候，他们的口头禅“不”“我自己做”就标志着他们的自我意识开始崭露头角了。但是，这个时候他们能力有限，在实际操作中又会时常受挫，于是他们会感到羞愧并对自我能力产生怀疑。在这种摇摆和矛盾的阶段，如果父母能够给孩子以支持、耐心和理解，孩子就能很顺利地度过这个矛盾的阶段，向下一个阶段进发。

培养孩子的自我意识，不是仅仅对孩子强调“你 / 你的”“我 / 我的”

就足够了，自我意识是孩子在实践中体会到的：“哦，原来我可以控制事物的变化。”“原来我可以按照自己的想法做事情。”……这种在实践中可以自己决定和掌控的感觉，能在很大程度上缓解一个好奇心旺盛的孩子探索未知世界时的不确定感和不安感。

但是尊重孩子的想法和要求，不等于不给孩子设限和提要求，这点我是赞成的。同时，我也能理解父母希望孩子养成良好的就餐习惯，不要一边吃饭一边玩玩具。这个出发点是没有任何问题的。但是对于不同年龄段的孩子，所设立的界限要符合孩子在这个年龄段的特点，所采用的方法也应该是这个年龄段孩子所能理解和接受的。

比如提问中这个年龄段的孩子，与其和他讲道理、软硬兼施，倒不如通过游戏和绘本示范， 还可以在吃饭之前提醒孩子，给予适当缓冲，在合适范围内给孩子选择决定的机会。比如可以问孩子：“你是现在就去吃饭，还是玩两分钟再去吃饭？”或者“你是想自己把玩具送回家，还是妈妈帮你把它送回家？”

4. 孩子总是说反话怎么办

问 “我的孩子 3 岁多，最近总说反话。比如，我说别这样，会摔倒，他一定会说他想摔倒，他想摔疼。我说慢点吃，要不容易噎着，他会说他想噎着。这种情况需要纠正吗？还是不用管，慢慢等他度过这一时期？”

答 父母说什么孩子都要反着说，通常见于三种情绪状态：

（1）孩子的情绪状态很好的时候。这个时候父母说什么孩子都要加上“不”字，只是觉得好玩。比如，妈妈说：“走吧，我们穿好鞋子，去公园玩吧！”孩子可能会笑嘻嘻地说：“不走，不穿好鞋子，不去公园玩吧！”

这种情况下，孩子很喜欢体会在不同句子中的不同位置中插入否定词或者去掉否定词，让句子意思发生改变，他们觉得这很有意思，其实这也是孩子学习语句意义和句子结构的过程。还有的时候，孩子只是觉得每次这么反着说，父母的反应很有趣。这种情况下，父母可以引导孩子用不同的词语和句子来表达正反两个方面的意思。比如，孩子说“不接受”，父母可以示范说“拒绝”；孩子说“不休息”，父母可以说“还要玩”……

（2）父母对孩子平时的提醒和管束很多。我曾经让一对父母趁着对方不知道的时候，偷偷记录一下对方在一段时间里和孩子的对话中使用了多少次“不要”“不准”，或者命令的语气，结果让他们俩都非常吃惊：一个周末的上午，妈妈反复对孩子说了 37 次“不要”，而某个晚上，爸爸对孩子使用了 10 次命令和 6 次大吼。

除了这些，无论是父母还是祖父母，都会反复在孩子耳边提醒：走慢点小心摔倒，吃慢点小心噎着，动作快点不然就要迟到了，出门要穿衣服不然就会感冒了……

有时候父母提醒孩子不要做的事，恰恰是孩子喜欢做或者只能做的事，所以孩子会下意识地反抗。他们的反抗是用语言告诉父母：我要摔倒（即你不要阻止我跑），我就是要迟到（即你不要催我）……

所以，如果父母发现孩子的“反话”都是出现在自己阻止或者要求孩子的时候，而不是游戏的时候，父母需要考虑的是：是不是自己对孩子过度关注、过于紧张？或者保护和给建议的方式不太对？或者对于孩子的要求和催促，是不是忽略了孩子的发展特点和能力？

（3）孩子生气发脾气的时候。随着孩子年龄的增长，他们的独立意识越来越强，很多时候都喜欢用和父母不同的观点及语句来表现自己的不同和独立，孩子在和父母发生冲突和摩擦的时候，想要和父母“对着来”的意图会更加明显。比如，如果父母说“你这样是不对的，妹妹会疼的”，孩子可能就会说“这样是对的，妹妹不会疼的”。如果父母说“不刷牙的话，牙齿会长虫子，牙齿会生病”，孩子可能会说“不刷牙，牙齿不会长虫子，牙齿也不会生病”……

这个时候很多父母觉得孩子每句话都和自己反着说，是挑战自己的权威，是和自己顶嘴，于是非常生气，反应很大。但是孩子从这样的经历中习得的是，用这种方式可以控制父母的情绪反应，让父母生气。下次他觉得不高兴的时候，会有意无意地想要用同样的方式让父母也不高兴，可能会继续故意这么说，或者把这种方法用到他的伙伴关系里。

所以，我建议的做法是：

①当孩子因生气说反话时，不要急于和孩子讲道理、急于解决问题。正如我曾经说的：“要先解决情绪，再解决问题。”与其在彼此情绪对立和不佳的时候去讲道理，然后发展成力量角逐，还不如给彼此空间和时间冷静一下，待情绪平静以后再来讨论解决方式。

②孩子不愿意冷静，就是要跟在父母的后面故意反着说的时候，建议父母用平静甚至忽略的方式来对待。你可以告诉孩子：在他准备认真和你说话之前，你拒绝和他说话，因为他这样做，让你觉得不被尊重。通常情况下，孩子尝试几次没有得到回应，就会因为无聊而放弃。

5. 与其他孩子发生冲突怎么办

问 “我女儿 1 岁 3 个月，在上早教课时，一个男孩推开她的手抢过玩具，我看到了就推开男孩的手，生气地说“你不可以推人”。男孩奶奶闻讯过来指责我对她家孩子太凶，双方发生了争执。上课之后，女儿情绪低落，老师拿出玩具，别人过来拿，她马上回避。这种情况我该怎么和孩子沟通？”

答 这个生活实例我在咨询中遇到过几次，借这个问题也提醒一下大家。

（1）年龄相仿的孩子之间发生冲突和矛盾，建议先观察看看孩子的应对和反应，不要急着介入。大人对孩子的指导是垂直关系，无法代替孩子在和同龄人的水平关系中通过互动和碰撞来学习和体会。

有的时候，孩子未必像大人一样紧张，别人抢玩具他们可能会发蒙，也可能无所谓，或者他们第一次被抢走，下一次就有了警觉，让自己动作更快。如果孩子觉得委屈和害怕，作为家长自然应该及时提供回应和抚慰，甚至可以带着孩子，示范如何要回自己的东西（但不强求孩子自己可以马上做到，提问中的孩子才1岁3个月，更加困难）。之所以提“年龄相仿”，是因为这样通常势均力敌，不会有力量悬殊带来的危险。如果是一个孩子比另一个孩子大很多，家长还是需要在孩子可能受伤之前及时介入。

（2）即使是介入去保护孩子，父母也需要注意自己的言行。一个四五岁的孩子看到妈妈冲上来和别人吵一架可能会被吓到，但是他能明白妈妈这么做的目的是什么。但是一个 1 岁多的孩子还懵懵懂懂，他们不一定明白，而他们将这一系列行为更直接关联起来的是：有小朋友，拿玩具，妈妈和某个人吵架，很吓人。也就是说，别的小朋友未必吓到了他们，但是父母和其他大人的冲突却让他们非常害怕（我们可以想象一下大人发生激烈冲突时的场景）。

我在咨询中遇到过这样的案例：妈妈为了孩子间的冲突和别人打了起来，孩子也被别的大人打了一个耳光。这个孩子从此有两年都不愿意靠近任何游乐场，一靠近就尖叫。我能理解作为母亲看到孩子被“欺负”时情不自禁的护犊心理，但是带着孩子在外，安全第一。

另外，我觉得有个原则是通用的：作为大人，不是在危及安全的情况下，不朝小朋友伸手。因为无论我们的动作是什么样的，是轻是重，大人都是绝对强势的一方，也都会让对方家长一下子更警觉，更护犊，冲突升级几乎无法避免。

最后，回到这个问题：不到1岁半的孩子可能已经被吓到了，怎么办?

不要急，先缓一下，不要急着让孩子马上忘记、马上适应。在接下来的伙伴游戏中陪在孩子身边，尽可能轻松互动。还可以带孩子和一两个性格温和的小朋友玩几次，然后再扩大游戏伙伴的圈子。如果孩子不愿意，不要在伙伴冲突中强迫孩子去抢回来或者打回去，因为对于一些敏感的孩子来说，这很煎熬，也很可怕。应根据孩子的气质特征，循序渐进。

6. 孩子需求得不到满足时就扔东西该怎么办

问 “我的孩子1岁8个月，达不到自己的目的就会不停地哭闹。除了温柔地坚持，不妥协外，还应该怎么引导？不管他手里拿着什么东西，发脾气的时候都会摔到地上，捡起来他会再摔，并且别人也不能捡，别人捡起来他就会不停地哭。好焦虑啊，这种情况我应该怎么办？”

答 孩子在哭闹时扔东西，通常情况下，要么是情绪发泄的一种方式，要么是父母的应对方式强化了其扔东西的行为。对于这种情况，大概的应对方式如下：

（1）预防比应对更重要。对于1岁8个月的孩子来说，转移注意力还是有效的。而且，考虑到孩子现在的年龄对因果关系的理解能力还有限，最好的办法是在孩子哭闹发生前提供可行的替代方案或者替代物品，替代无效时可以考虑带孩子脱离当下环境，比如去看看窗外，去洗洗手、玩玩水等。

（2）如果孩子已经开始哭闹，也可以采取措施预防扔东西的行为发生。比如哭闹了，可以抱到没有东西可扔的地方，或者在孩子拿到东西但是没有扔之前先把东西拿下来，再抱到没有东西可扔的地方。

**（3）如果已经扔了，而且孩子不愿意别人去捡起来，我也会抱着孩

子脱离当下环境，先平复情绪。否则，如果妈妈不停地捡，孩子不停地扔，一方面妈妈自己的情绪容易失控，另一方面孩子的哭闹也有可能更持久。

孩子平静下来后，再带着孩子去把玩具捡起来。有些父母会在这个时候给孩子讲道理，但是这需要考虑不同年龄段的孩子语言理解能力的水平，以及对抽象语言能维持多久的听觉注意力。比如提问中的孩子只有 1 岁 8 个月大，父母配合表情动作说简短的语句就可以了，长篇大论通常不会有效果。而且这个年龄段的孩子，说“不要扔东西”，不如说“……（具体物品的名字）要放在……（具体的位置）”。因为根据认知心理学研究，当大脑听到“不要做什么事情”的时候，会弱化甚至忽略“不要”的部分，而更多关注在“做什么事情”上。所以，不如直接用肯定的语句说出希望孩子去做的内容。比如，与其说“好好排队，不要推前面的小朋友”，不如说“我们和前面的小朋友之间保持你胳膊那么远的距离”。当然，借助孩子能理解的绘本和图片，来告诉孩子生气时他们可以有其他表达情绪的方式也是可以考虑的。

（4）我不赞成给孩子替代的物品让他随便扔。孩子需要学习用合适的方式表达情绪，而不是扔东西。否则，也容易让孩子困惑，不知道扔东西到底是不是合适的做法，因为有时候父母会阻止，有时候又不会。

在没有采集更详细背景信息的情况下，以上个体化建议供参考，不能作为普遍适用的建议。

7. 孩子遇到不如意的事情就打自己怎么办

问 “我的儿子2岁半，最近总是喜欢打自己，有什么不如意就打自己耳光，边打边念自己的名字。我不知道该怎么引导他，跟他说什么都听不进去，静静地抱着他也不行，他非得达到自己的目的才肯罢休。请问我该怎么做？”

答 孩子不高兴或者要求得不到满足就打自己的情况，我在咨询中确实经常遇到。在没有更多背景信息的情况下，我会从以下几个角度考虑：

孩子是什么时候开始自己打自己耳光的？家里有人打其他人（包括孩子）耳光吗？孩子看的电视节目中有类似场景吗？一起玩的小朋友中有人经常这么做吗？……父母需要考虑具体原因，才能从原因着手改变。

同时，孩子“有什么不如意就打自己”，是什么样的“不如意”呢？是父母说他做什么没有做好，是要求被父母拒绝了，还是玩具被别人抢了？孩子打自己耳光的力度如何？是轻轻地打，还是很重，会很疼？家长在孩子打自己耳光时的反应是什么样的？

根据具体原因的不同，可以从以下几个角度来考虑：

（1）家人平时的言传身教很重要。如果平时家人之间有暴力行为，或者经常打孩子，这就涉及家庭关系和养育模式的调整。大家都知道，孩子小的时候对于模仿有着非常高的热情，也有着非常高的模仿效率，这种模仿不仅仅是学说话学动作，还模仿生活中的方方面面。如果家人有这种体罚或者家庭暴力的行为，孩子即便不是刻意模仿，也非常容易被影响。

（2）孩子的沟通能力对处理方式的选择有重要影响。如果孩子的小伙伴里有这种打自己的小朋友，而且对方家长似乎无心或者无力做任何调整，在孩子小还不会说话和表达的时候，可以考虑换一下玩伴。在孩子的沟通能力更强，而且换玩伴也不现实的情况下，可以用孩子能理解的语言和方式让孩子明白这不是一个好的行为选择，他是可以有更好的行为选择的。

（3）理解孩子行为背后的原因和动机非常重要。比如，如果孩子是在做事情没做好时打自己，那么家长需要考虑平时对孩子的评价方式是否出了问题。家长需要养成成长型思维，不要过于关注孩子的失败和错误本身，而要更多关注孩子在过程中的努力和尝试，以及引导他思考在失败和困难时可以学到什么，可以做些什么。

另外，如果孩子发现当他打自己的时候，父母因为非常紧张和心疼，就会满足他的一切要求，或者停止责怪他所犯的错误， 或者帮他抢回自己的玩具（甚至别人的玩具）……那么，他自己打自己的行为就有可能被强化，也就是说他在今后的生活中相似情境下出现这种行为的概率就会更大。还不太具备灵活变换、综合考虑因果关系的能力时，年龄越小的孩子，这种被强化的概率就会越大。我在咨询中经常见到自伤行为经过日积月累的强化，变得非常严重的孩子。在这种情况下应该怎么办呢？

情感支持和界限遵守同样重要。在理解孩子行为背后的情感和需求的基础上，如果孩子的要求是合理的，在他用语言等方式合理表达的时候父母应敏感察知并及时回应满足，不要随口拒绝然后等到孩子哭闹时又立刻满足。要让孩子明白：用语言等方式表达需求是有效的，而不要给他们留下“只有我哭闹父母才会注意到我，才会满足我”的印象。如果要求是不可以被满足的，那么更加不可以因为孩子打自己就去满足他。

但是，坚守界限不代表要对孩子伤害自己的行为冷眼旁观，或者用打骂威胁的方式来“治”他。当孩子自己伤害自己尤其是伤害严重的时候，阻止孩子伤害自己是首先要注意的。如何阻止？大多数情况下抱着孩子，他们就会软化并缓和情绪，如果孩子生气时非常抗拒拥抱甚至因此攻击拥抱他的人，那么父母就需要考虑在拥抱的时候稍稍固定一下孩子的胳膊和腿，防止他伤人或者伤己。如果实在抱不住，可以考虑“中性阻挡”。具体操作是：家长不要表现出过度紧张和焦虑的情绪，温和地阻止。比如握住孩子的手几十秒，然后放开，如果孩子继续打， 可以继续握住。我在咨询中还遇到过用头撞墙和地板的孩子，当自伤行为发生的时候，用软垫阻挡，防止孩子受伤很重要。

平时在孩子情绪稳定的时候，可以用孩子明白的语言告知这些界限和规则的原因，以及哪些行为是在特定环境下才合适的（这个我们在前面的内容里具体讲过）。

总之，家长要让孩子理解界限和规则设立的原因，能满足的要求家长不要故意延迟和设限，不能满足的不因为孩子哭闹而一味妥协。

8. 孩子被批评时反应激烈怎么办

问 “五六岁的小孩子情绪很敏感，容易哭，总是一受到家长责备就说：‘我去死了算了，反正你们也要凶我。’这种情况该怎么处理呢？”

答 孩子出现这种情况时，家长需要从以下几个角度去考虑：

首先，相对于三四岁的孩子，五六岁的孩子会更多考虑自我价值感，也会进行相对更广范围的自我评价了。孩子的自我价值感和自我评价受身边主要照料者的影响比较大，所以，孩子很在意父母的评价，这是非常正常的。况且，听到夸奖时开心，听到责备时不开心，这种情绪本来就是正常的，很多大人也难免如此。

但是，孩子被责备就说“死了算了”，这就不是常态表现了。父母需要考虑孩子为什么会有这样的说法。

是因为他觉得父母的责备比让他死了还难受吗？如果是，父母的责备是什么样的呢？是就事论事，还是扩大化了，甚至牵扯了孩子的人格？也就是说，父母并不是直接就事论事地指出孩子哪里做得不对，而是“拔出萝卜带出泥”式的责备，比如：“我都讲了多少次了，你怎么总是做不好？”“你老是不认真！”“你怎么这么笨？！”……如果是这样，这些责备不具任何建设性，只会让孩子更沮丧，并怀疑自己的能力和价值，甚至觉得自己的存在没有意义。

如果父母平时是抱着成长型思维去考虑问题的，对孩子的教育和纠错是对事不对人的，是有建设性的，是相信孩子下次可以做好的，一个五六岁的孩子会明白父母责备他是因为某件事情，而不会为“你们总是生我的气”“我永远都做不好”而难受伤心。

其次，孩子这么说如果是一种常态，有没有可能是因为父母区别强化的态度？区别强化，就是选择性地忽略一些行为，强化另一些行为。比如，孩子努力尝试的时候没有获得鼓励和关注，孩子表现出不开心和沮丧的时候家长不能察觉，只有当孩子说出“死了算了”这样的话语时，家长才表现得很紧张，才会安抚孩子，才会告诉孩子“我们爱你”……

总之，正因为孩子在这个年龄段对评价和自我评价敏感，父母在养育时才需要特别注意给孩子的各种反馈。不是不能指出问题，关键在于父母用什么样的方式指出。

9. 如何让孩子不怕打针

问 “我家娃快 2 岁了。小时候打针不哭，懵懵懂懂就结束了，1 岁半开始，打针时能哭得天昏地暗，甚至刚开始脱衣服就哭。我告诉他妈妈知道他疼，鼓励他做个男子汉，打完针以后也会表扬他，但是并不管用。这是安全感缺乏的表现吗？找一些类似主题的绘本或者玩具有作用吗？”

答 看到这个问题的时候我的第一反应是：咦，为什么要求不到2岁的孩子打针不哭呢？打针很疼，孩子疼的时候哭，这非常正常啊。而且打针哭和缺乏安全感之间也没有必然关联。

至于开始脱衣服就哭，这也很好理解：每次到这个地方，看到穿白大褂的医生护士，一脱衣服就会被打针，孩子经历两次自然就会记住这个环境，以及这个环境和被打针之间的关联。

婴儿期的孩子还不明白环境和打针的关联，加上打针过程快，痛觉反应相对慢，所以会懵懵懂懂，打完了才反应过来。但是随着年龄的增长，孩子记忆时间长了，理解了其中的因果关系，自然就会记得并知道马上要发生什么，所以他会在一进入这个环境时就出现心理上的害怕恐惧，加之孩子年龄这么小，抑制和调整自己情绪的能力还非常有限，因此就会哭起来。这对于一个2岁的幼儿，甚至更大的孩子来说，都非常正常。

为什么有的孩子可以做到打针时不哭？主要有以下两个原因：第一，每个孩子痛觉反应的强度是不同的，有的孩子生来就会痛觉不敏感，有的孩子则非常敏感。第二，孩子年龄大一点儿时，比如到四五岁时，他们开始建立自我评价体系，更在意他人的评价，也更好地理解了"打针只痛一下，打完后还有奖励"的时间概念和因果关系。他们的大脑额叶也有进一步发展，更能调整和控制自己的情绪表达。

最后，我觉得妈妈需要考虑的是：

（1）既然这么小的孩子打针会哭是非常正常的表现，那为什么不能接受孩子打针时哭呢？其实哭不哭和是否是男子汉或者是否勇敢之间并没有必然的关联。一个边哭边面对困难痛苦的人，一个哭完之后擦干眼泪继续坚持努力的人，他们同样是勇敢的人。妈妈要求孩子打针时不哭，是不是陷入了“男孩子不能流眼泪”的误区？还是因为太在意周围人的眼光和评价？

（2）孩子哭的时候，家长真的共情了吗？是站在孩子的角度真的体会到他心理上的恐惧和身体上的疼痛了呢，还是站在大人的角度，嘴上说着“妈妈知道疼”，但在行动和其他语言上否定孩子的感受或者阻止孩子表达感受呢？

（3）绘本和玩具可以让孩子明白看医生和打针的目的是什么，流程是什么样的，医生会怎么做，我们要怎么配合。这些可以让孩子对将要发生的事情有具体的理解，从而大大降低因为未知而产生的恐惧心理。

孩子打完针哭了，可以抱抱他，如果孩子说疼，也可以回应说“妈妈知道肯定会疼的，妈妈小时候也经常打针，也很疼”。通常回应了孩子的情绪和感受，他们很快能平静下来。然后可以通过肯定强化他刚才的表现，比如虽然害怕但是仍然去面对并配合医生，打完针还和医生道谢，等等，也可以给孩子一些小奖励，这些都可以增加孩子的配合度。比如，我家孩子每次打完针都会去前台找阿姨领一张“勇敢贴纸”，这让他们觉得很自豪。

最后我想强调的是：做这些不是为了让孩子（尤其是小孩子）打针时不哭，而是希望让孩子明白为什么要找医生打针，以及具体流程大概是什么样的，从而减少恐惧的程度。同时，我也希望孩子在害怕的时候，能感受到父母的理解和支持，因为父母应该是孩子害怕、恐慌及受伤等情况下可以寻求抚慰的“安全港湾”。

10. 孩子过度依赖安抚物该怎么办

问 “我的女儿2岁多，非常依赖安抚巾，最近几个月又越来越依赖毛绒玩具。睡觉的时候要把所有喜欢的玩具都抱上，出去玩一定要带上，如果不让带宁愿不出去，出去又怕别的小朋友抢，就抱着站在旁边不去玩。请问我该如何引导？”

答 孩子依赖安抚物，要从以下角度看：

（1）孩子依赖安抚物是成长过程中很常见的情况。 随着孩子年龄的增长，他们开始意识到自己和妈妈不是一个整体，妈妈并不能时时刻刻都在自己身边，也不能每次都非常及时地满足自己的需求，于是孩子们会经历一些沮丧和焦虑。在孩子能完全依靠抽象语言思考和因果逻辑理解来安抚自己之前，一个被赋予了特殊意义的物体可以帮助他们达到安抚自己的目的。

儿童发展领域把那些对于孩子有特殊意义的物体（毛绒玩偶、小毯子、小枕头等）叫作“过渡性物体”（transitional object），这些物体会在孩子需要的时候，给他们提供心理支持和抚慰。

“安全毯”（security blanket）研究发现，“安全毯”可以帮助孩子更好地适应新的环境，更好地学习，并有效减少他们的压力。美国在“9·11”事件发生后，有6000多只毛绒泰迪熊被迅速运往纽约，发放给当地受到波及的孩子。

（2）孩子在某个阶段对于安抚物的依赖突然增加，需要针对性了解情况和原因。我们需要考虑父母给孩子的陪伴或者互动是否足量且高质。通常情况下，如果父母陪伴孩子的时间少，或者孩子在日常生活中得到其他照料人的回应和安慰少，或者孩子经常被惩罚打骂，他们对于安抚物的需求通常会相对更高一些。另外，养育环境的突然变化，或者生活方式的突然调整（开始被要求自己一个人睡一个房间，而且在黑暗中没有睡前陪伴），也可能是孩子突然对安抚物有高需求的原因。

但是，不能把依赖安抚物问题的责任全部归咎于养育者或者养育环境，这和孩子的气质特征以及所处的阶段也有一定关系。比如，有些孩子开始独立探索世界的时候，他们会发现这个世界有很多陌生的内容。而随着认知和情感的不断发展，他们也开始明白自己不是无所不能的，开始越来越多地知道“受伤”的意义和可能性。所以，他们会有一段时间出现一种情况：以前不怕的东西，突然害怕了。在这个阶段他们对安抚物的需求也有可能更多。

大多数情况下，对安抚物的依恋会随着孩子对环境的熟悉和自信心的增加而逐渐减少。当然，有一种极端的情况，亲子关系有严重问题的孩子，他们对于安抚物的依恋可能一直持续到成人期。

就这个女孩目前的情况，除了建议妈妈反思养育方式和养育环境中的可能的问题外，还建议：

① 不要强行禁止女儿带安抚物出门。本来对于孩子来说，到游乐场看到很多小朋友，和小朋友一起玩，可能就不是一件轻松的事情，安抚物的存在可能是孩子向外迈步的支持力量。如果强行禁止携带，结果可能适得其反。

② **在放松的时候和女儿一起将安抚物进行分工。**比如小猪陪吃饭，小猫陪睡觉，小猴子陪着出去玩。也可以特地去买一个她喜欢的玩偶，赋予专门的职责，就是陪她玩。

刚到新的地方时，不要急着把她的安抚物拿走，让她抱着先观察别人。等她觉得不那么紧张了，再让她把安抚物放回特定的“窝”里，让安抚物“睡觉”。告诉她妈妈会帮她保护安抚物，鼓励她去玩。如果中途她要回来看看安抚物，也不要阻止，尤其是她在伙伴关系中受挫的时候。

③ **妈妈努力代替安抚物的作用。**比如出门的时候，女儿感到害怕和紧张，妈妈应及时提供支持和安抚；比如和孩子建立良好的沟通机制，让她有什么问题都愿意和妈妈说，能从妈妈这里获取有效的回应和支持。

④ **不要强制女儿“戒掉”安抚物。**因为孩子在刚开始的适应阶段，安抚物还可能有更多的作用。

11. 孩子对所做事情的完成度不满意怎么办

问 “我的儿子今年4岁，做事情很容易急躁，比如说画画，如果达不到他心目中的样子他就会哭闹。这种情况下我应该怎么做呢？”

答 准确地说，自己的活动的结果和心里的预期不同，这种情况在更小的年龄就会出现。4 岁的孩子对事物和活动有更丰富的要求和想象，但是这并不代表他们在这个阶段已经具备足够的能力去完成他们脑海里的期待和要求，在这种落差下，孩子有沮丧和愤怒的情绪其实很常见。

3~5 岁的孩子会发展羞愧、嫉妒、自豪等与自我认知有关的情绪，所以这个阶段的孩子开始依赖一些信号来进行自我评价，这些信号可能是孩子在活动中体验到的，也可能是家长在互动中赋予的。

当一个孩子无法完成某个期待的任务或者犯错误的时候，父母的反馈和评价很重要。如果父母平时经常把孩子的表现等同于孩子本人，比如“做得真好，你真聪明”“你这么笨啊，这也做不好”……孩子在这个年龄段就容易把这些评价内化成自己对自己的评价。所以每次做不好事情或者犯错误的时候，他们就会有很强的挫败感和沮丧感，因为他们觉得做不好或者犯错就说明自己很笨或者没有价值。

有些父母虽然给孩子的反馈没有这么直白，但是也倾向于在孩子做得好时就给予奖励（这不一定有问题，需要结合具体情况进行分析），在孩子做得不好时则表现出非常消极的情绪（虽然不一定有批评指责）。一些比较敏感的孩子就能迅速察觉父母的情感差别，也容易对失败产生焦虑和恐惧，因为他们知道如果自己做得不好，就会让父母不开心。

我的建议如下：

（1）在日常生活中潜移默化地让孩子知道世界并不完美，每个人都不完美，每个人都会犯错。有时候和孩子在一起，我会和他们说自己当天哪里做错了或者遗漏了，我需要怎么去改进。孩子就会知道大人也会犯错，也会遇到难题，遇到难题想办法解决就好。

比如有一次，我提前两周约了一位教授见面讨论课题，特意把日程记在了手机里，结果那一天手机没电了，我自己也忘了。我事后感觉非常抱歉，也对自己很懊恼，白白浪费了别人的时间。我把这件事情告诉了小包子，小包子听完后说："妈妈，你是不是很害怕？你别怕，你不是故意的，不过你要向那位教授道歉。"

（2）尊重孩子的感受，也让孩子去体会各种情绪。很多人其实是很害怕孩子出现负面情绪的，一旦孩子出现这种情绪，就想立马把孩子从这些情绪中拉出来，想做孩子情绪的"拯救者"。孩子哭了，不论什么原因都要想办法让他马上停下来；孩子生气了，马上想办法去让他笑逐颜开。因此，有些家长在孩子因为某些任务未完成而感到沮丧的时候，会迫不及待地安慰孩子说"错了没关系""不会做没关系"，甚至说"这个玩具不好玩"……家长需要让孩子体验各种情绪，而不是想方设法剥夺孩子体验这些情绪的机会。很多情绪只有体验了，才会慢慢学会应对。默默地陪伴他，在他需要的时候提供支持和适量帮助就好。

（3）和孩子讨论问题的时候，侧重点放在"怎么办"上，就事论事，不扩大不发挥。当孩子情绪平静以后，家长再以平等合作的方式和孩子讨论该怎么解决问题，而不是以高高在上的姿态指责或者命令孩子。这样，才会让孩子愿意讨论问题，愿意开动脑筋想办法解决所面临的问题，也更有利于孩子成长型思维的发展。

12. 孩子一生气就反锁门怎么办

问 “我的儿子5岁多，一生气就进房间把门反锁了。在这种情况下，我要怎么引导？”

答 孩子生气的时候自己找地方安静，其实并不是什么问题。但是这个提问里应该有两个方面让父母不舒服或者有所顾虑：

一个是孩子生气的时候把门反锁，会让很多父母觉得非常不安，因为他们不知道孩子在生气的时候会在房间里做什么：只是埋头趴在床上？还是在房间中破坏家具，甚至伤害自己？这份未知会让很多父母坐立不安。严格来说，父母的这份担心是有道理的，而保证儿童在情绪不好的时候不做出伤害他人或者自己的行为，也是父母的责任和义务。

另一个让很多父母觉得不舒服的地方，是他们觉得孩子“翅膀硬了”，这种一生气就甩门进房间的做法是“和自己对抗”，这让很多父母觉得自己被冒犯了，权威被藐视了。在愤怒和失去控制的无力感下，很多父母会在这个时候做出很过激的行为，比如把门踹开并体罚孩子，似乎一定要看到孩子害怕或者服软，才会觉得有控制住场面的安全感。

我的基本建议是，不要在孩子情绪爆发的时候企图讲道理、哄劝甚至镇压，因为研究证实这么做的短期和长期结果都不会理想，反而有可能让孩子出现更多的情绪和行为问题。在这个时候给孩子也给自己一个平静的机会，然后再去解决问题，这样做会更好。所以，如果孩子在和父母有冲突，情绪爆发的时候，主动去寻求一个安静的环境，父母应该理解和支持。

基于父母的担心和孩子对冷静空间的要求，我觉得可以考虑的做法是：

找个彼此情绪不错的时候，把这个问题带到家庭会议上讨论，也可以在平常的睡前聊天时间，和孩子谈论一下，请孩子解释一下他在生气的时候为什么想要去房间里，这个时候他希望父母怎么做。

在理解孩子的感受和需求的基础上，父母可以向他承诺，在他生气的时候，想要独处的时候，父母会尊重他的感受。同时，父母需要告诉孩子：家人之间是互相关心的，反锁房门的做法会让别人担心。

全家应该有一个规则：每个家庭成员在生气的时候，其他人应该尊重他想要独处的需求和权力，他可以在房间里独处并关门，但是不可以反锁房门，因为其他家人会担心。这个规则无论是大人还是孩子都需要遵守。

13. 孩子听到故事里主人公的遭遇就害怕该怎么办

问 “我的儿子快 4 岁了，看动画片或读绘本故事时，如果出现危险可怕的情景或者主人公痛苦和被伤害时，他总是说不要看这个，不想听这个，还会哭，好像又害怕又伤心。有时我指出他不对的地方，给他讲道理，他眼圈就红了，说不得。我好焦虑，该怎么办？”

答 这个问题其实涉及两个方面，我们逐一来看：

（1）婴幼儿期的小宝宝看到别人哭，虽然有时候他们还不能明白是因为什么，但是这并不妨碍他们看到别人痛苦或者受伤时也会觉得难过。人类大脑里有一类叫作“镜像神经元”的神经细胞，之所以叫这个名字，是因为镜像神经元让人们在看见其他人的行为表现时，就会自动想象是自己在经历，它是人们对他人的经历感同身受和产生同情的神经基础。所以，看到别人打呵欠，自己也会打呵欠；给孩子喂饭，自己也会张开嘴。因为生来就有气质特征的个体差异，有些孩子有更加细腻敏感的情感反应，他们会因为听到妈妈模仿书里人物发出的悲伤的声音而红眼圈流眼泪，会因为看到某个故事或者视频里主人公经受的痛苦而伤心害怕。因为感同身受，有些孩子会因这些内容产生焦虑害怕的情绪。

有些孩子在故事结束之后就可以恢复情绪，但是还有一些更敏感的孩子，即使故事结束了，他们仍然很难从原来的情绪中出来，要伤心难过或者害怕很长时间。所以，这些孩子往往会回避再次接触类似的故事情节或者书籍。

这些敏感度很高的孩子，可以从低水平、低强度的情绪内容开始接触，让孩子有适应的机会，同时还需要家长的支持和陪伴。不建议家长强迫孩子一定要听或者看这些情节，至少要避免那些对于孩子来说冲击过于激烈的情节。此外，建议看看《发掘敏感孩子的力量》以及《天生敏感》这两本书，作者是心理学博士伊莱恩·阿伦（Elaine N.Aron），书里面对情感敏感的孩子的特点有进一步的分析和解说。

（2）父母指出孩子做得不对时，孩子眼圈就红了，这个问题需要考虑以下两点：首先，3~5 岁的孩子确实开始对别人的表扬和批评越来越在意，越来越敏感，因为他们的自我意识（或者说自我概念）情绪在幼儿期萌芽的基础上有了更进一步的发展。自我意识情绪就是各种会导致孩子自我意识增强或者受损的情绪。

3 岁以上的孩子的自我意识和自我评价通常是紧密关联的，而这种自我评价又往往来自和孩子关系亲近之人所传递的信息。比如，同样是做错了事情，孩子在父母中更亲近的一方的面前会表现得敏感和紧张，在另一方面前则觉得无所谓。所以，很多家长可能会注意到，4~5 岁的孩子好像比 2~3 岁时要“懂事”很多，同时好像也“更容易哭”了，一个眼神一个表情，孩子就可能会红眼圈。

其次，父母对于孩子做错事情的评价方式是否有需要调整的地方？比如，孩子做错事情的出发点是什么？父母有没有先解决情绪再解决问题？有没有理解孩子当下的感受？在后续和孩子解决问题的时候，有没有对事不对人？也就是说，是否只讨论那件事情有没有更好的解决办法，而不扩大化评价孩子（笨、不乖、不听话等）？有没有侧重于成长型的思维模式？

14. 孩子睡觉前后哭闹怎么安抚

问 “2 岁的男孩特别爱哭，每天午睡醒来总要哭，要抱好久才行。而且脾气特别不好，一件事干也不行不干也不行，反反复复地说，比如，“想玩，不想玩，想玩……”无限重复。这是妈妈平时教育的失误，还是孩子本身气质的问题？”

答 孩子起床后和睡觉前确实是两个容易出现哭闹的时间段，不要把这个锅甩给自己，以为是自己教育失误。不同气质特征的孩子对于清醒和睡眠的过渡会有不同程度的情绪行为反应，但是大部分的孩子只是阶段性的表现。

首先，要考虑疲劳因素。睡前疲劳容易让孩子在行为和情绪上耐受力明显降低，发脾气阈值降低，自我情绪调节能力降低。但是孩子自己不知道自己的身体需求，甚至会抗拒睡眠，这个时候就要求父母能及时根据时间调整孩子的活动类型，比如从疯玩逐渐过渡到安静地游戏，然后及时安排休息。

其次，起床后发脾气有些时候和孩子的睡眠时间长短有关。家长可能都有经验：睡得特别短，没睡够，或者睡得太久，都会觉得起床后非常不舒服。孩子也有这种情况。那么再想想，起床后不舒服时，如果还有人不停地给自己提要求，或者老是与自己讨论需要用脑的内容，会不会容易烦躁？但是，如果起来后听一个笑话，或者看到一件有意思的事情，就能很快让人精神振奋起来。同理，对于孩子来说，他烦躁时，家长的各种安慰或者互动通常会让他更烦躁。

家长具体可以考虑以下两种方法：

（1）在孩子起床时提前预热，让他们快速开心和兴奋起来。我家小团子以前也经常有“起床气”，爸爸一开始踩过不少雷，但是我去喊小团子起床，通常她的情绪都不错。我的方法也简单，就是用游戏和故事，以及其他出其不意的小把戏。比如我看到她醒了，开始哼唧了，赶紧讲“乌龟妹妹和哥哥在河里游泳……”或者“你枕头旁边的猴子有没有在你睡着的时候偷偷跑出去玩”，或者我会扮演小怪物要来偷袭“睡着的奥特曼”……养育孩子，演技都提高了不少呀！

（2）如果孩子已经哭起来了，家长也不用太焦虑，默默地抱抱他，静静地陪伴一会儿，孩子通常哭一会儿也就缓过神来了。在孩子起床后哭的时候同孩子讲道理和立规则，都是不合适的。

第三章

让孩子与美好相遇，适应人生的每一个阶段

人的一生都在不停地调整和适应，因为没有什么是一成不变的。这个过程从一出生就开始了：适应生存环境，建立依恋关系。妈妈要去上班，养育人的变化交替，弟弟妹妹的到来，上幼儿园……与之相随的，是孩子各方面能力的成长。

作为父母，在孩子经历着一步步变化的时候，也会目睹孩子的焦虑不安、犹豫不决、恐慌害怕，这对孩子和父母其实都是一种挑战。如何在给孩子适度支持的同时让孩子去体验和成长？如何不让自己的过度焦虑影响孩子的探索？如何在亲子双方各自的需求之间找到一个平衡点？……希望下面这些答疑实例能为你们提供一些新的视角。

1. 短暂分离后如何与宝宝保持亲密感

问 “我的女儿 1 岁 4 个月，平时白天由爷爷奶奶照顾，晚上和周末由爸爸妈妈照顾。由于爷爷奶奶要照看家里老人，宝宝就和他们一起回老家住 40 天，在这 40 天里，爸爸妈妈要怎么做才能和宝宝保持亲密感？”

答 鉴于平时白天也是爷爷奶奶帮忙照顾，孩子和老人之间已经建立了一定程度的情感连接。当孩子短时间跟着老人换一个地方居住时，虽然孩子需要适应，也可能会想念父母，但是这种情况应该只是暂时的，不至于出现长时间的强烈适应不良情况，这一点父母可以不用特别担心。

但是 40 天毕竟不是 4 天，孩子和父母之间的亲密感不受到任何影响也是不太可能的。孩子在陌生的地方会更加黏爷爷奶奶，又因为父母不能直接参与照顾他的日常，和父母的亲密感自然而然会有所下降。

如果要最大限度减少影响，我们可以尽可能和孩子保持比较深入且有效的互动。之所以要强调这一点，是因为在实际生活中，一开始孩子在视频时还哭着叫爸爸妈妈，一段时间后再次视频时他们就很可能不太愿意和父母聊天了，往往说不上几句就会跑开。在这种情况下，亲子双方的交流也越来越少，父母会发现自己即便想要和孩子进行深入的互动，保持密切的连接，也使不上力了。

我的具体建议是：在跟孩子视频或电话时，不要只停留在那几句老生常谈上，比如："乖不乖，吃饭了没有？""跟小朋友玩得开不开心？""有没有听话？""有没有想妈妈？"……如果每次视频或打电话都只聊这几句，没有任何新意，没有深入去了解孩子现在的状况，也没有告诉孩子爸爸妈妈的近况，那么孩子就很容易对这样的交流感到厌倦。

其实，家长在和孩子视频或打电话时可以进行的互动有很多，比如在视频里给孩子看一本他喜欢的绘本、给他讲一个故事，或者视频时一起玩玩游戏、做做手工等，这样的模式才会让孩子觉得有趣，孩子自然就会期待和父母的电话或者视频时间，会愿意和父母通过视频或者电话互动。这个方法也适用于经常出差，或是在几天甚至一段较长时间里见不到孩子的父母。

2. 妈妈能不能偷偷离开

问 "我的女儿 1 岁 3 个月，每次我出门和孩子道别时，看着我离开她就大哭不已，多次之后状况仍没有好转。后来我在她和家人玩耍的时候偷偷离开，她没有发现，直到我回来心情也都很好，没有哭闹，也没有找我。我有点疑惑，究竟怎么做才合适？"

答 我能理解听到“不要偷偷离开”的建议和现实中发现“偷偷离开孩子反而不怎么哭”相冲突时做父母的疑惑和纠结。

孩子的年龄很小，记忆容量有限，身边有其他照料者且和她的亲密程度也很高（多层次依恋关系已经建立），这个时候如果妈妈偷偷离开，孩子确实很有可能不会想起来去找妈妈。而如果妈妈当面离开，就会激起孩子的分离焦虑，孩子会哭闹。而且，孩子很小，还不太能理解因果关系和时间概念，所以并不能明白妈妈上班的意思，也不能确切知道早上走傍晚回来的规律，当面分离激起分离焦虑的情况自然也会更加明显。所以，如果发现孩子在不知道妈妈离开的情况下，有其他同她亲密的人相陪，她不会哭闹，也不会寻找妈妈，我并不认为这是个问题。

父母也可以选择另一个方向：即使告别时孩子会哭，也坚持告别仪式，同时让告别仪式更有趣更好玩。比如告别时击掌飞吻，还可以请孩子帮忙关门。在有其他人安慰的情况下，即使孩子会哭，通常也很容易被安抚，而且如果坚持这个仪式，经过不长的一段时间孩子就能适应。

所以目前这个阶段，其实妈妈可以自己考虑一下选择怎么处理。但是要有思想准备：“偷偷离开孩子反而不怎么哭”这种情况不会持续很久，随着孩子年龄的增长，孩子很有可能对妈妈的突然不见耿耿于怀，情绪不佳。所以，即使孩子还小，一旦孩子出现白天在家里找妈妈或者问家人妈妈去哪里了，也建议开始实行固定的告别仪式。

还有一种情况要注意：当没有其他亲密的人陪在孩子身边，或者妈妈和孩子独处，孩子又处于明显分离焦虑的时候，都建议不要突然从孩子身边消失。比如有些妈妈看到孩子玩得投入，便偷偷离开，孩子一回头，妈妈不见了，就会哭闹。反复如此，孩子就容易无法安心游戏，需要时刻确认妈妈没有离开，黏人和哭闹的现象也很可能增加。

3. 如何更好地表达父母对孩子的爱

问 “我对您说的‘孩子在建立自我意识和评价的时候，养育者的评价是他们重要的标杆’这句话有点困惑。在日常生活中，我有时候会宠溺地对孩子说类似‘你这个小笨蛋’‘你这个小调皮’的话，是对孩子的负面评价吗？是否应该尽量避免？是否会影响到孩子的自我意识和评价呢？”

答 这种情况在生活中确实很常见，而且这位家长能在学习理论的时候思考实践，不教条，很棒。

我确实说过父母对孩子的评价是孩子在早期进行自我评价的重要影响因素。那么父母对孩子的评价是指什么呢？评价包含着内心对待一件事情的看法和态度，它通过父母的语言、行为、表情、语气、身体动作等各种信息综合表达出来。

词语只有放在特定的语境里才会有特定的意义。比如武侠小说里女二号咬牙切齿地说“我羡慕她，我嫉妒她，我恨她”，和平时开玩笑说“看你们到处旅游，我只能做加班狗，羡慕嫉妒恨啊”是不一样的，给人传递的信息内容是不同的。

同样，父母宠溺地对孩子说“你这个小调皮”“你这个小笨蛋”……一边说还一边笑，或者抱着孩子，或者轻摸孩子的头，和父母非常生气并伴着嫌弃的表情所说的“你简直就是一个笨蛋”“你怎么这么调皮”是不一样的。

对于低年龄段的孩子来说，他们还不太明白“调皮、笨蛋”的含义，但是他们可以从大人的肢体语言、表情、语气等信息中感受到父母的宠溺，自然不会有太大问题。孩子大一点儿以后，明白这些词语的意思了，他可能就会说“妈妈才是小调皮”“傻瓜妈妈”……这个时候他们知道这些词语的意思可能不好，但是并不会觉得是父母在羞辱他。

但是，我个人其实不太建议家长在这个时候还继续这样和孩子开玩笑，因为孩子可能会把这些词语用到小伙伴身上，这样就很容易导致误解，进而和伙伴冲突。况且，可以表达宠溺的词语有很多，家长也不用非揪着这些词不放，是吧？

4. 父母两地分居时该如何教育孩子

问 “我老公在五个月前因为工作调动和我们两地分居，一个月回来一次。他因为工作忙，不能保证每天都打电话或者视频，我现在因为怀二胎，也不适合辞职去他所在的城市重新找工作。请问长期两地分居对小孩有什么影响？我应该怎样做才能把影响降到最低呢？”

答 这位妈妈怀着老二带着老大，即使有老人帮忙也是非常辛苦的，不容易。我不知道老大多大，性格如何，也不知道目前这种两地分居的情况会有多“长期”，所以无法给出确切的评估。我提一些大方向上的看法供参考。

通常情况下，除非爸爸以前在孩子的生活中扮演着很重要的角色，否则孩子和爸爸分开通常没有孩子和妈妈分开后受到的影响大。但是，家庭是一个系统，每个人都是其中重要的一个环节，任何一个环节的变动，都会导致其他环节受到一定程度的波及和影响。

在我看来，爸爸和孕期的妈妈分居两地这件事情，对孩子的影响最有可能通过妈妈和孩子的互动表现出来。因为孕期往往需要来自丈夫的支持，丈夫不在身边，孕期的疲惫、精力不足和夫妻沟通不畅等情况通常会影响妈妈的情绪，而妈妈的情绪又会非常直接地影响到妈妈和孩子的互动模式。

所以，如果想要把影响降到最小，最直接的办法是保证自己和孩子的互动模式流畅舒适。在丈夫不在身边的时候，妈妈就需要其他的支持系统介入更多了，比如，家务外包，减少自己每天的负担；育儿中抓大放小，不就非原则性问题要求太高，等等。

我明白每个家庭都有自己的实际情况，但是孕期辛苦也就罢了，产后通常更加辛苦。如果老大年龄不大，还在非常黏妈妈的阶段，产后平衡两个孩子的时间以及自己的休息，不是一件轻松的事情。妈妈在孕期、产期也需要来自亲近之人的关心和呵护。所以，我更建议，哪怕有些困难，只要这些困难不是不可以克服的，还是全家在一起比较好。另外，我不了解孩子爸爸的工作性质，但是如果可以，还是建议让爸爸多和孩子通过电话、视频进行互动。

5. 如何更好地缓解分离焦虑

问 “我家宝宝1岁2个月了，一直是我一个人带，除非出去玩，不然孩子也只看得到我一个人。目前不知道是不是分离焦虑很严重，有时候我刚准备起身，他就立马过来抱住我，即使我在他的视线范围之内也不行，非要待在我身边，要不然就一直哭。现在哭的频率比以往高多了，我真的很焦躁。我应该怎么办？”

答 从儿童心理发展的进展来看，1~1.5岁这个阶段，孩子的分离焦虑往往变得非常强烈。在这个阶段，孩子开始意识到“外面的世界很广阔，探索内容很丰富”，他们有强烈的向外探索的欲望，但是因为能力有限和对未知的不确定性，他们这个时候反而更加需要确认养育者就在身边，随时可及。

根据“安全环路”理论所说，孩子越是想向外探索，越是需要确定养育者提供的“安全基地”很稳固，所以，这个阶段的他会与一个最主要的依恋对象之间形成更强的连接。而且在这个阶段，如果主要养育者以一个人为主，那么即使有其他人参与，孩子的依恋也会具有一定程度的排他性。

后期在孩子了解和接触到更多的人和物以后，他会发现周围的环境是可控的和安全的，他也能理解即使妈妈不抱着他，也会在旁边关注着他。这个时候，孩子就会扩大自己的接纳度，对于其他那些积极与他互动以及参与养育过程的人，他的接纳程度会逐渐增加。

从精神分析的角度看待这个阶段也挺有意思：

婴儿早期相信自己是万能的，觉得自己想要什么就能来什么，肚子饿了会来吃的，尿布湿了会被换掉。而在这个阶段他们开始慢慢意识到，那个照顾他的人是实现他所有要求必不可少的，于是他会把这个人纳入自己的“势力范围”，认为他和这个人是共生的，于是出现“共生期”，孩子会觉得自己所想的、所要的，这个人都能理解和知道，也都会给自己提供。但是慢慢地，孩子开始发现，原来那个人也并不能总是理解自己的需求，那个人也并不总是能和自己在一起，于是很多孩子就会开始出现黏人和分离焦虑的表现了。

回到开头的问题上，即使妈妈在孩子的视线范围之内，也并不能满足这个阶段孩子的依恋需求，孩子还是觉得不安、害怕和不适应，具体该怎么办呢？

（1）错开做家务的时间。比如提前准备好孩子第二天的辅食，或者在孩子睡觉的时候准备辅食。这样可以减少和宝宝分离的时间。

不得不做“必须做”的家务时，尽可能让自己和孩子在彼此的视线范围内，也尽可能和孩子有一些互动。比如在厨房放一把高架椅，给孩子一些他喜欢的玩具，一边做饭一边趁着间隙和孩子说唱逗笑一番。

还有更常见的情况，如果去厕所孩子会在门口大哭，不妨也把孩子带到厕所里，在厕所放一个小马桶，让他坐在上面（不要急着脱掉尿布给孩子进行排便训练），或者在厕所门口给孩子放上玩具，把门虚掩。

（2）家务和孩子，分清主次。不要因为家里不够整洁，就抛开孩子去做家务。家里稍稍乱一点儿没有关系，很多可以借助工具（扫地机器人、洗衣机等）的家务不要坚持手动，要相信科技，洗衣机是可以洗干净衣服的。

（3）不要偷偷离开。这个其实很常见，妈妈惦记着有事情要做，一看孩子在专注地玩玩具，就赶紧离开去做事情，结果孩子一回头发现妈妈不见了就哇哇大哭，妈妈听到哭声就赶紧回来哄孩子。这个过程如果频繁发生，会减少孩子对妈妈的信任，他不知道妈妈什么时候会偷偷跑掉，所以他会时刻关注，不敢安心玩耍。这样也会强化孩子“只有哭妈妈才回来”的印象，所以会发现孩子哭的频率越来越高。

（4）平时可以试着和孩子玩“躲猫猫”的游戏。一开始不要走远，就在同一个房间，可以慢慢试着拉开距离（在保证环境安全的前提下）。这个过程是让孩子在游戏中体验妈妈不在眼前也并不可怕，而且妈妈不在眼前也会回来。

我能理解妈妈自己也有自我空间和时间的需求，随着孩子年龄的增长，24 小时被“绑定”不仅仅会带来身体上的疲劳，还有心理上的疲劳和烦躁。但是，这是一个逐步改变的过程，希望孩子能更多地独立玩耍，前提是要让孩子觉得妈妈可信任、环境很安全，他们的心态才会调整得更快。如果只是抱着着急推开或者挣脱束缚的想法，我们的态度、情绪和行为，会让孩子敏锐察觉，他们反而会因为不安和不确定而更加黏人，结果适得其反。

另外，孩子休息的时候，妈妈也要尽量腾出时间休息。我知道这不容易，但是哪怕就打个盹、听首歌，也是给自己的一个喘口气的机会。

6. 为什么“儿见娘，无事哭三场”

问 “我的儿子 1 岁 8 个月，我天天上班，他的分离焦虑其实还不严重，就是我不在家的时候跟姥姥姥爷玩得很好，我一回家，就缠着我，还比较容易哭闹。我父母说我不在家没事，还说是我平时惯得太狠，我也很无奈，求徐医生给点理论支持！”

答 孩子和妈妈在一起似乎有更多哭闹，也有更多要求，这个问题非常具有代表性和普遍性。

谈具体理论之前，大家想一下：我们和谁在一起的时候更“原形毕露”？会有更多要求，更不在意形象？是不是那个让我们觉得更安全，不会因为我们的“原形毕露”就离我们而去的人？是否有过在外面觉得自己是个“坚强的女汉子”，但是妈妈一个电话一句话就会让自己瞬间委屈落泪的经历？

再回到孩子的问题，和妈妈关系亲密的孩子，绝大部分和妈妈在一起的时候更放松，会更自由表达自己的需求和感受，而和其他人在一起的时候会显得“更听话”。所以，从这个角度就会明白这并不是妈妈对孩子不好，也不是妈妈的养育方法有问题。更不要因为这样就让妈妈避开孩子，让其他人带。安全型的亲子依恋关系是孩子向外探索的“安全基地”，同样也是孩子在感到受伤害、委屈或者疲劳等情况下能随时回归的“安全港湾”。孩子和妈妈一起的时候，会自由表达各种需求、不开心和不舒服，如果只是从表面行为的对比来看，就显得好像孩子和妈妈在一起的时候更加“不乖”了。

有没有孩子在妈妈面前“更乖”呢？有，尤其是大一点儿的孩子。如果妈妈给孩子传递的界限和规则一致而清晰，在他提出不合理要求或者哭闹时能理解并尊重但又不是无原则满足，孩子和妈妈在一起的时候就不仅觉得安全温暖，也明确知道规则和界限在哪里，孩子就会很乖，而不会太过频繁地用哭闹来测试妈妈的底线，或者希望用哭闹让妈妈满足自己的要求。当然，如果孩子和妈妈非常亲密，整体互动很好，即使是有规则性的孩子，也会和妈妈就非原则性问题“撒娇”。如果妈妈是控制性特别强的，给孩子特别多的限制和惩罚，那么孩子也有可能和妈妈在一起时特别“乖巧”，甚至出现很多讨好行为。

如果这种和妈妈在一起就更频繁哭闹的情况一直持续，甚至很明显妈妈和孩子在相处中都感到非常不舒适，好像一直处于“拉锯战”中，那就需要进一步了解妈妈的养育方式，或者和孩子的互动模式是不是有一些需要调整的地方。

这个提问中，孩子还在经历分离焦虑，而在分离焦虑的情况下，很多孩子会在和妈妈见面时提各种代偿性要求。有些大一点儿的孩子甚至会用这些要求来“检测”妈妈的底线，看妈妈是不是有可能不要自己，是不是不爱自己了。这是非常正常的阶段性表现，妈妈没有必要自责。

7. 二胎时代如何让孩子和平相处

问 “我家两个宝宝，哥哥2岁9个月，妹妹1岁1个月。他们在一起就会争宠，争抢玩具，哥哥甚至会欺负妹妹，现在基本不能玩在一起。我很想多陪伴他们，但是分身乏术。请问该如何平衡和分配给两个孩子的陪伴时间？”

答 两个孩子都在3岁以内，且年龄差距不足2岁，确实会比较辛苦，因为幼儿期通常是对亲子互动和情感支持要求比较高的阶段。很多适合年龄稍大一点儿的孩子的方法这个时候都还不适用，比如讲道理但孩子还太小，让两个人自己解决又担心大宝没轻没重，二宝太小不会自我保护容易受伤……所以在这个阶段，两个孩子经常会让父母觉得无力和烦躁。

我家两个孩子也是年龄相差不到2岁，我根据个人经验提几点建议，供参考：

（1）调整期望值。不要期望这个年龄段的两个孩子能经常表现出“手足情深”，一个处于物权意识和自我意识发展期的大宝，加上一个释放运动潜能四处好奇探索、没有物权意识又开始出现分离焦虑高峰的二宝，“手足情深”和“手足战争”是混杂并存的，而且“手足战争”出现的频率可能更高。

“手足情深”在这个阶段只会停留在某些特定时刻，比如：妈妈训斥二宝，大宝会说妈妈骂二宝不对；大宝在心情很好、有安全感及物质需求被满足的时候，会把自己的玩具和吃食同二宝分享；大宝知道妈妈喜欢看到他爱弟弟妹妹，所以有意当着妈妈的面去亲二宝；等等。

所以，如果这个时候父母只希望看到“手足情深”，无法忍受或者很害怕看到“手足战争”，很快就会被现实教训。

（2）从大宝的感受着手。这不是因为更爱谁，而是从大宝着手更容易取得长远性成功。大宝是那个被二宝的出生打破生活平衡的人，所以他的焦虑、嫉妒和不安往往更多。在我们家，我会和大宝说，把自己不想和妹妹分享的玩具收起来，等妹妹睡着了再拿出来玩，留在外面的玩具就是和妹妹一起玩的。在妹妹睡着后，我会在固定时间和他在一起，说他是妈妈最爱的男孩，夸他今天帮助妈妈照顾妹妹。在两个孩子都清醒的时候，请大宝教二宝玩某个玩具，在二宝搞砸的时候，和大宝说妹妹太小了，还没有学会，请他再教教二宝。给大宝看他小时候的照片和视频，告诉他他小时候和妹妹是一样的。争吵和哭闹发生后，第一步不是判断是非，而是接纳理解他们的情绪并安抚，等情绪平复之后，再和大宝聊聊当时的情况，有没有更好的应对方法。还可以看相关主题的绘本，鼓励大宝做到哪几点从而就能成为“超人哥哥”……

二宝眼下也需要很多情感支持，需要单独时光，需要在日常活动中的语言交流，可能会连上厕所都黏着妈妈。如果哥哥少一些攻击性，多一些接受性，二宝会自发追随大宝，并模仿大宝的一言一行。

这个阶段比较困难，所以一个能够支持的力量就非常重要。比如你带二宝睡觉的时候，有人能带大宝一起玩；哪怕只是有人帮忙做做家务，也能给你腾出更多的时间，让你更有耐心来面对两个孩子。

8. 如何才能做到“一碗水端平”

问

“我有两个孩子，怎么样才能做到‘一碗水端平’？”

答

家有两个宝贝，做父母的总是希望尽量在两个孩子之间“一碗水端平”。但是，如果一味追求在任何方面都对两个孩子一模一样，我们真的能够做到吗？

物质上的“一碗水端平”是父母们最常考虑的方面，也是最容易陷入的误区。

很多父母在这个问题上的认识有偏差，认为父母给予孩子同样的爱等于为每个孩子提供一模一样的物品。而当父母频繁强调这一点的时候，会传递给孩子这样错误的印象，孩子会深深地记住这一点，并仔细观察他俩的东西是不是一模一样。一旦出现不同，孩子就真的会很担心父母对他的爱是否比较少。

不同年龄段的孩子认知状态和能力水平都不相同，所以他们通常也会玩不同的玩具，这些玩具的难度不同，所需要的技能也不同。给大宝买的玩具（比如块数较多的拼图），二宝很可能因为不会玩而只能闲置，即使等二宝长大了，他对玩具的兴趣也很可能和大宝不一样。同样，二宝的很多玩具也已经不再适合和满足大宝的年龄特点和兴趣需求。总之，在这种情况下，给孩子买同样的东西其实是一种浪费。更何况在两人出生相隔两三年的情况下，一个家庭在经济条件、育儿观念等很多方面都会发生变化，不可能真的给两个孩子买一模一样的东西。即使经济条件真的很好，真的给孩子买一模一样的玩具，也并不能减少攀比和摩擦冲突，有的时候哪怕是同样的东西，在孩子眼里也是对方手里的那个更好。

其实公平与否应该更多从孩子的角度出发考虑。孩子可能不太明白真正的公平具体是什么样的，但他们能感受到父母是否同样爱自己。比如父母带两个孩子去买衣服或玩具，让两个孩子各自挑选喜欢的物品，即便并非一模一样，但两人都挑到了令自己满意的物品。如果一定要给两人买相同的玩具，但是其中一个孩子并不喜欢这个玩具，那么这个孩子心中恐怕依然会觉得委屈和不公平。所以，父母一定不要盲目地去追求物品价值或是形式上的公平，而应更多从孩子的喜好考虑，根据孩子各自年龄段需求的不同来做判断。

精神上或陪伴上的公平问题也是同理。有一些家长认为自己应该在陪伴两个孩子的时长上做到完全相同，然而实际上，除非是双胞胎家庭（即使是双胞胎家庭也很难做到），这样的想法同样是在给自己“下套”，同时也是在给孩子“下套”。为什么这么说？

就如同我们刚才所说，不同年龄的孩子的需求不同。大一点儿的宝宝可能已经能够愉快地独立游戏，他可以自己一个人玩拼图、画画等，也可以和家里的其他照料人一起出门游玩，再长大一些他白天就会去早教班或者幼儿园。在这种情况下，家长一味地追求陪伴两个孩子时长的相等，根本就不现实。如果家长觉得陪伴大宝的时间比小宝少，纯粹为了增加陪伴时间而陪玩，就有可能对大宝的独立游戏干扰过多。这样反而会影响孩子的专注力，以及他在游戏过程中独立的思考和计划。这样的公平对家长和孩子无疑都是不利的。

所以公平不应该是绝对数量上的相等，而是要根据两人各自的特点，给予他们各自所想和所需的。打一个简单的比方：在吃饭的时候，虽然为一个大孩子和一个小宝宝提供同样分量的食物看起来很公平，但是如果按这种方法，可能出现的情况是要么大孩子没吃饱，要么小宝宝吃撑了，这种做法其实对两人都不公平。

对于孩子来说，他们希望自己是父母心中最喜欢的那个，但是我们不可能对任何一个孩子说“妈妈最爱你”。因为只要这么说，就意味着对另一个孩子的伤害。很多人会说对两个孩子的爱是一模一样的，这种说法有的孩子可以接受，自然无事，但是有些孩子听到却仍然很伤心，因为他不再是你“唯一”最爱的了。这时候，不妨让孩子知道，他是你心中最特别的那个。你可以告诉孩子 “你是妈妈最爱的男孩（或者女孩）” ……

9. 孩子跟妈妈不亲怎么办

问　“我的孩子 1 岁 4 个月，最近感觉跟我不是很亲近了，一般我跟他爸爸同时在的话只要爸爸，跟爸爸会很亲近，这是为什么呢？平时孩子奶奶白天帮忙带，负责哄睡，我中午回家都会陪着，晚上下班了以后孩子也都是我们带，不跟老人同住。”

答 在没有详细地采集背景信息和沟通的情况下，以下建议仅供参考：

孩子对养育者的依恋和亲密感并不绝对取决于陪伴的时间或者喂食，更多取决于养育者对其需求的敏感度和反应度。所以，并不是谁和孩子相处的时间多，孩子就一定和谁更亲近，也不是谁给孩子喂奶喂饭，孩子就一定和谁更亲近。

如果孩子总体还是对妈妈更为依恋，只是在其他人刚出现的时候表现出更喜欢被其他人抱，那么并不一定是孩子和妈妈之间的亲子依恋有问题。有的孩子在气质特征的“趋避性”维度上，表现得更趋向于新鲜刺激，所以他们在确认安全的前提下，会在妈妈陪伴的时候，表现出更喜欢其他接触不那么频繁的人，甚至陌生人的怀抱。

妈妈和爸爸同时在的时候，孩子更亲近爸爸，有的时候只是因为爸爸是那个玩起游戏来更有趣的人。比如，妈妈喜欢玩安静的游戏，但是孩子更喜欢和爸爸玩有点儿小刺激和兴奋的游戏。也有可能是因为爸爸陪孩子玩的时候，所选择的玩具和游戏活动更具游戏性，而妈妈则总是侧重教孩子知识。

如果妈妈是主要陪伴者，妈妈和爸爸在游戏时的方法和选择上也并无很大不同，但是孩子的主要依恋对象不是妈妈，即使妈妈离开，孩子也还黏着爸爸，而对妈妈的离开无动于衷，那么就需要考虑一下妈妈的互动模式和养育方法是不是有需要调整的地方了。

通常要考虑几个方面：

（1）妈妈对孩子需求的敏感度。妈妈能否快速明白孩子哭闹背后的原因和需求？有的妈妈对孩子的需求和想法很不敏感，所以很多时候宝宝的哭闹在妈妈看来是“莫名其妙，无理取闹”。

（2）孩子哭闹时妈妈的反应模式。妈妈是对孩子的哭闹给予压制、冷漠或者惩罚的回应，还是能理解和尊重孩子的情绪感受？是以和善的方式坚持规则，还是用绝对控制来威胁孩子服从？

（3）妈妈和宝宝的肢体接触。有的宝宝喜欢亲密的肢体接触，但是有的妈妈不喜欢并回避肢体接触。相反，有的宝宝很不喜欢肢体接触，但是妈妈喜欢。

（4）妈妈会不会给宝宝太多过度刺激？过度刺激是指超出孩子接受范围的刺激。比如有些妈妈想要宝宝在互动中给予自己积极回应，如果宝宝没有这么做，妈妈会反复强行要求，通过强迫宝宝看着自己、反复挠痒痒的方式来刺激宝宝。

（5）妈妈陪伴宝宝的专注度和耐心。有的妈妈看似是在陪着宝宝，但是大多数时间给宝宝的回应非常少或者缓慢，因为她们忙于玩手机或者做其他事情。久而久之，宝宝就会觉得和妈妈在一起非常无趣。

10. 孩子总说外面有坏人该怎么办

问 “我家老大最近在外面很爱说‘妈妈，有坏人’，在家里她独处时也会说。我们从不吓她，但会给她讲安全常识，告诉她到外面要牵手，不能乱跑，不然坏人把她带走爸爸妈妈就找不到她了，爸爸妈妈找不到她就会很伤心之类的。她为什么会很爱说‘有坏人’，是缺乏安全感吗？”

答 孩子在不同的地方说“有坏人”，很大的可能是因为父母和她强调过坏人是不好的，会把她带走，让她再也看不到爸爸妈妈，或者孩子看到的故事以及电视节目里有过类似的内容。

有的孩子频繁这么说，是因为他们真的对“坏人”感到紧张或者害怕。小一点儿的宝宝（比如 2~3 岁）还不会区分场景和事物的对应，比如他们不理解，当我们关上门在自己房间里的时候，坏人通常不会凭空出现。他们觉得坏人随时随地都有可能出现。

小团子听过《大灰狼和小羊》的故事以后，曾经有一段时间，只要独处就会说“大灰狼要来了”。即使我们和她说大灰狼在森林里，我们家的门都是关着的，大灰狼进不来，她仍然会很紧张。

后来我的做法是，尽量不让她一个人待着，即使上厕所我也只是把门虚掩，让她能透过门缝看到我。她说“大灰狼要来了”，我就和她一起想办法怎么赶走大灰狼。一两个星期后，她也就慢慢不再提及了。偶尔想起来，也会说：“我才不怕大灰狼，我是黑猫警长，我会骑摩托车把大灰狼赶走！”

需要提醒的是：在孩子懵懂的时候，父母增强孩子的安全意识确实很重要，但是最好不要过度焦虑。父母的反应会被孩子当成参照，孩子会根据父母的反应而情绪紧张或者情绪放松。

举个例子吧，曾经有家长咨询我“孩子看到其他小朋友靠近就赶紧抱着自己的玩具躲开怎么办”。在进行个体咨询的时候，我让家长拍几段孩子在游乐场的视频给我，结果发现家长带孩子出去玩的时候，总是担心孩子的玩具被人抢走（哪怕是公共场所的公用玩具）、孩子被人欺负。有时候孩子被其他物体或者活动吸引，把手里的玩具放在一边，家长会非常着急地提醒：“快把你的玩具收好，不然待会儿其他小朋友就拿去玩了！”可想而知，在大人的这种行为和语言的暗示下，孩子自然会对其他小朋友敬而远之。当然，并不是所有不和其他小朋友玩的孩子都是一样的原因，这个例子只是其中一种情况而已。

除了害怕坏人外，有的孩子经常说“坏人”是因为他们发现这是一个新鲜的词和概念，而且每次这么说的时候，大人都会给予积极或者焦虑的回应，从而让他们觉得说这个词很有意思。所以，如果发现孩子在说“坏人”的时候并不紧张害怕，父母大可不必紧张着急，平淡地回应或者选择性忽略就好。

第四章

制造人际关系的润滑剂，培养社交能力

有一句话叫:“有人的地方就有江湖。”换一种说法也成立:“有孩子的地方就有江湖。”一群大脑额叶发育还不成熟的孩子在一起,他们对自我情绪的认识和调控能力还不够好,也还不太会换位思考,于是会衍生出各种“江湖是非”:打人、抢玩具、社交退缩、不恰当的肢体碰触、吐口水,等等。

如何引导孩子在伙伴关系中尊重别人的感受的同时也尊重自己的感受,让孩子学会表达自己的看法,理解人和人之间的界限,是父母绕不开的课题。

1. 如何帮孩子减少社交恐惧

问 “我的儿子3岁3个月，慢热型孩子，有一群在小区经常一起玩的朋友。在跟同龄孩子玩的时候他对别人抢他玩具的事反应特别大，也正是这种相处的负反馈导致他不愿意和小朋友玩，甚至恐惧社交。请问怎样增加孩子和同伴玩耍的正反馈，从而提高他和小朋友玩的兴趣？”

答 仅仅根据这段描述，其实无法确切知道孩子是否真的对社交达到了恐惧的水平，但是社交上的回避应该是存在的。

3岁3个月的孩子，如果情感细腻、对环境变化敏感，在社交过程中确实有几个需要注意的地方。比如在和伙伴交往的过程中，如果一开始就置身于玩得比较兴奋、身体碰撞多、玩具抢夺多的伙伴关系中，那么他们的社交初始体验不会太好，也会出现更多的社交焦虑。这也是大家认为不是所有孩子都适合绝对化“放养”的原因。

具体操作可以参考以下几点：

（1）培养孩子的亲子关系和安全感。这一点看似和这个问题无关，其实不是完全无关。好的亲子关系会给孩子提供“安全基地”，妈妈在一边陪伴就可以让孩子有更多的勇气去尝试新的挑战。所以，这个功夫下在平时。

（2）不要急，不要催。家长希望自己的孩子在伙伴关系中能如鱼得水，也很担心看到孩子出现社交退缩或者被小伙伴孤立。但是，如果孩子在焦虑害怕的时候，父母不能理解支持，而是一味地催促强求，可能会让孩子的心情更焦虑，行为更退缩。

很多时候，当孩子有点慌张的时候，他们会根据父母的表现来判断环境是否安全，父母淡定轻松会让孩子也相对放松一些。而且，不顾孩子的害怕心情而去强求，也会破坏 亲子关系和孩子的安全感，因为妈妈不理解他的害怕，不接纳他的退缩。

（3）循序渐进。不要一下子把孩子推到他害怕的社交情境中，可以在陪伴下鼓励他在小范围内反复尝试。比如，邀请一两个固定的孩子来家里玩，提供一对一的互动机会，让孩子体验伙伴互动的乐趣，并实践社交方法和技巧。父母可以在这个过程中，就孩子社交中的问题，进行示范和角色扮演式练习。

当孩子的社交能力越来越强的时候，就可以考虑扩大他的交友圈子。可以尝试多邀请一两个孩子，三四个小孩一起玩。也可以选择人不多的时候带孩子去户外游乐场，不强求孩子一定要互动，哪怕就是和一些孩子进行平行游戏也是可以的。

在这个过程中，父母需要注意的是：如果孩子被推搡或者玩具被抢，孩子表现出恐惧和害怕，父母要提供保护和支持。不是所有的孩子都适合独自在伙伴关系中进行激烈碰撞的，有些孩子一开始需要一些支持让他们不害怕，还需要一些示范和练习表达的机会，然后他们才会鼓起勇气去尝试。

2. 孩子认生怎么办

问 “我的儿子10个月了，他现在认生严重，只让我和他奶奶、爸爸抱。带他出门或者去亲戚家，坚决不让别人抱他，只要抱就哭闹得特别厉害，更严重的是连亲戚坐他旁边他都会哭闹不止。有什么好的解决办法吗？或者说我应该怎么做才能让他不要这个样子？”

答 认生反应是孩子开始区分熟悉的人和不熟悉的人的标志性表现，是孩子认知发展进步的一个必然阶段。认生反应通常在4~6月龄出现，7~8个月的时候开始变得典型和明朗化，然后会有一段时间比较激烈。

孩子的认生反应主要体现在情绪变化和行为表现上，虽然每个孩子认生反应的强度和持续时间并不相同，但是绝大多数情况下父母要做的都是理解和支持，然后顺其自然。具体来说要做到以下几点：

（1）尊重孩子的感受。每个孩子的气质特征不同，对新环境和陌生人的趋避性、反应等都不相同，用循序渐进的方式更好。我们通常会认为社交中划分有三个区域：安全舒适区、恐慌区及过渡区。对认生的孩子来说，妈妈的怀里或者身边无疑是安全舒适区，陌生人的旁边或者怀里则是恐慌区。认生的小朋友如果一下子被陌生人抱在怀里，他们通常会非常焦虑和害怕，会挣扎和大哭。从舒适区向外迈步，需要给孩子缓冲和过渡的空间和时间。

（2）改变父母的应对方式。从描述来看，父母似乎有让亲戚或者熟人抱孩子的尝试，如果是这样，要改变的不是孩子，而是父母。不建议在孩子不愿意的时候让别人抱他，强迫被抱的经历只会让孩子对陌生人更抗拒。

（3）不给孩子贴诸如“胆小”之类的标签。有的父母会觉得孩子不让别人抱是胆小，会觉得很没面子。不建议给孩子贴这种标签，也不建议把自己的社交压力转嫁给孩子。父母完全可以在刚见面的时候就告知亲戚朋友，孩子需要时间来熟悉，不要直接把孩子交给亲戚朋友抱。

（4）允许孩子循序渐进地跟陌生人接触。抱着孩子和亲戚朋友说话时，如果你的孩子对陌生人只是表现出轻微的认生，比如变得更安静，感兴趣地盯着别人看，这个时候没有必要特意回避。如果孩子认生反应比较强烈，即使妈妈抱着坐在陌生人旁边也会哭闹，建议把孩子稍微抱远一点儿进行安抚，允许孩子在远处观察。当孩子平静下来，表现出对陌生人好奇的时候，家长可以用玩游戏的方式，让孩子在自然的游戏过程中逐渐减少和陌生人之间的距离。

3. 怎样教孩子拒绝他人

问 “我的女儿已经4岁了，但是她好像完全不会拒绝别人。别人要她的玩具她就给，哪怕自己背过身会眼圈发红；别人让她做的事情，她再不愿意也会去做。这样的孩子以后肯定会吃亏的。但是我和孩子爸爸劝也劝了，骂也骂了，一点儿效果都没有。我们该怎么办？”

答 家长应该从小教育孩子从别人的角度去考虑问题，去理解别人的感受，但是很多父母容易忽略的一个问题是：教孩子谦让，却忘记教会孩子尊重自己的感受和需求。

我见过以下场景：孩子坐在秋千上，旁边来了一个小朋友也要坐，妈妈就要求孩子马上下来，因为那个小朋友要哭了；小朋友来家里玩，临走的时候不肯放下正在玩的玩具，于是妈妈执意让那个小朋友把孩子心爱的玩具带回家；图书馆里一个孩子正在玩积木，旁边一个孩子过来要玩，她犹豫了一下，放下了积木，但是走开几步又回过头，依依不舍……

似乎只有牺牲自己的感受和需求，去无条件满足别人的需求，才会讨人喜欢。

其实，这对孩子不是一种健康的教育。就像蔡康永，他发现如果只是希望通过好好说话让别人舒服，是远远不够的，他觉得高情商的人也应该让自己舒服。所以他的书中标题中有一句话——“为你自己活一次”。他说：“你努力取悦别人的样子，让人心疼。”

理想状态里的高情商不仅仅是说话艺术，还包括人们对他人情绪感受的认识，以及对自己感受的认识和掌控。在这个基础上，人们的所言所行会既考虑对方的感受，也让自己内心舒适和平衡。

所以，父母有必要给孩子上的一节课是：我们有说“不”的权利。

自己心爱的玩具，不愿意分享，我可以拒绝。

我正在玩秋千，你想要玩，我可以和你轮换，但是你需要稍等一下，我再玩两分钟。

我正在玩的积木，你想要玩，可以，我们可以一起来搭建。

…………

这是最基本的说“不”，还有更进一步的：当你的要求我不喜欢的时候，我可以不服从。

你说我必须和你一起玩追逐游戏，但是我现在只想玩积木，我可以拒绝你。

你说我应该把作业给你抄，我觉得这样不对，我可以拒绝你。

…………

当然，拒绝是需要一些方法的。有的时候让对方恼火的不是拒绝本身，而是拒绝别人时所使用的语气、表情和身体语言。

父母应该告诉孩子：可以拒绝别人，但是不要贬低别人，语气应该温和，姿态需要肯定。这样既尊重了别人，也尊重了自己。

可以说：“谢谢你邀请我，但是我现在想玩积木，我们下次一起玩吧。”

可以说：“这是我的玩具，欢迎你下次再来我家玩。”

可以说：“要不我把我的课堂笔记给你参考吧？你要是有不会的地

方也可以来问我，我非常乐意和你一起讨论。”

还有一个很关键的地方：孩子平时在家庭中，是否能感受到他们是独一无二的，是珍贵的，而不是毫无价值的？

有些父母在家里无限贬低自己的孩子，因为他们觉得只有打击才能让孩子珍惜所拥有的并懂得谦虚。但是这种来自父母的贬低会让孩子内心深处觉得自己一无是处，不值得被爱护，没有资格跟任何人争取和维护自己的利益，因为他们觉得自己不值得。

此外，作为大人，父母也应该做到尊重自己的感受和需求，而不是一味委曲求全。言传身教，非常重要。

4. 为什么孩子总把自己的玩具送人

问 “家有6岁男孩，他经常把玩具送给自己的同学或小区的小朋友，事先没问过我们可不可以，事后也没告诉我们。这种情况我们是不干预还是假装不知道呢？因家中有些玩具挺贵重的，也有些玩具是其他亲戚送的，有纪念意义，我们很困扰，不知道该怎么办。”

答 这个问题我会从以下两个方面来考虑：

（1）孩子把玩具送给同学或者小朋友的出发点或者目的是什么？家长有没有仔细了解过孩子是否在遭受霸凌？因为有些小朋友在

遭受霸凌的情况下，会被迫给别人送各种礼物来减少被欺负的情况。

如果排除了孩子遭受霸凌的可能性，孩子与伙伴关系如何？他平时有没有回来和父母说小朋友不喜欢他或者不和他玩？6 岁孩子的游戏会比较有互动性，如果是社交技巧不佳的孩子，他们渴望和小伙伴玩，但是找不到合适的方法，就有可能会通过送玩具的方式来讨好小伙伴。

所以，送玩具本身不是关键点，关键点是父母需要和孩子进行沟通，了解他送玩具给别人的动机是什么。是觉得别人没有玩具很同情对方，还是想通过给别人玩具表达亲近喜爱？别人有没有也送了他玩具或者其他物品？

此外，仔细观察孩子和小朋友的互动模式，是不是社交技巧不佳？是不是在互动中很容易压抑自己，迎合别人的想法和要求？如果是，父母要着手的反而是帮助孩子进行社交技巧练习。

（2）如果父母平时和孩子说家里的玩具所有权属于他，严格来说，他把自己的东西送给别人并没有错。如果父母觉得这样不是很妥当，不妨和孩子聊一下：哪些玩具是有纪念意义或者不适合送给别人的，应该自己收藏。

如果送玩具对于其他小朋友的家长是一种困扰，也需要和孩子说明。比如有的家长会觉得，自己的孩子老是接受别人的礼物不好，或者经常接受别人的礼物也总是要考虑回送什么礼物很麻烦，甚至有的家长会担心自己孩子拿回来的玩具是不是在同学那里“顺”回来的……如果可以，不妨和孩子沟通：可以送小朋友礼物，但是这些礼物是自己亲手制作的会更好，还可以鼓励孩子自己做做手工。

5. 玩具被抢时孩子不会要回来怎么办

问 “我的女儿 1 岁 4 个月，手里不论有什么，只要有人跟她要她就会给，自己如果想要回来就默默地伸手，有时候伸手没人理，她就一直不放下手直到人家还给她。被抢了东西也只是呆呆地看着。任何情况下我没说什么，但是心里有点替她着急，因为没看见她的物权意识萌发。我需要灌输什么理念吗？”

答 这个问题确实是很多父母所担心的。我觉得如果孩子把手里的玩具给别人，但是自己没有表现出想要，建议顺其自然。如果孩子自己很想保留玩具，但是别人要还是给了，只在旁边默默伸手，或者玩具被别人抢了就呆呆看着，这其实并不代表孩子物权意识没有萌发，很多时候是孩子不敢去要回来或者抢回来。有些孩子在和陌生小朋友接触的时候会表现得更谨慎，退缩性也更强。

这个时候孩子需要父母的支持和示范，让孩子明白保护自己的物品是对的，分享也应该是在自愿的基础上。父母替孩子着急的心情我非常理解，孩子也才 1 岁 4 个月，我会建议父母在这个时候站出来对另一个小朋友说：“×× 还想玩她的玩具，等她待会儿不玩了，你再问问她愿不愿意给你玩。”

利用这些时机和孩子共情，并进行情绪命名。比如：“哥哥拿走了你的玩具，你还想玩吗？”“你想要把自己的玩具拿回来吗？”“来，我们一起把玩具拿回来吧。”

建议带孩子出门的时候，准备一点儿玩具，可以用来和其他小朋友一起玩，或者借给其他小朋友玩，这样即使把玩具借给其他小朋友玩了，自己家孩子也不至于两手空空。同样一个玩具，如果孩子自己玩了一会儿，别的小朋友想玩，既可以询问孩子愿不愿意给其他小朋友玩一会儿，也可以鼓励孩子之间交换玩具玩。

每个孩子的物权意识萌发时间确实可能不一样，但是这不影响大家在家里玩“你的，我的，他的”游戏：哪些东西是妈妈的，哪些是爸爸的，哪些是宝宝的，妈妈想要玩宝宝的玩具需要和宝宝申请或者交换。再大一点儿，就可以用小玩偶做角色扮演了。

6. 孩子打人怎么处理

问 “我的儿子快3岁了。与他一起去公园玩的时候，滑滑梯看到比他小的孩子，他要用手去摸他们的脸，有时候还会用力去抓，偶尔还会用脚去踢，跟他说了好多次都没用。快上幼儿园了，我们该怎么引导？”

答 您的这个问题有两种可能性：

首先，2 岁多不到 3 岁的孩子有可能对和伙伴玩游戏感兴趣，但是又不知道和小朋友之间怎样的碰触是合适的，怎样的是不合适的。还有的孩子想和其他小朋友玩，却不知道怎么引起别人的注意，也不知道如何加入别人的游戏，所以他们就可能表现出一些本意是示好但看起来像是攻击的行为。比如摸其他小朋友的脸、拍小朋友的肩等。

除此之外，还有一种可能是孩子的攻击行为被强化了。那什么样的情况会强化孩子的攻击行为呢？比如对方惊慌失措的反应，会让孩子觉得自己的行为很有影响力，让他有力量感和控制感。家人在孩子出现这些行为时的不一致的反应也需要注意，比如有的老人会在和其他人聊天时有意无意地说“这个小家伙可厉害着呢”……

那为什么只对比他小的孩子这么做呢？很简单，比他小的孩子不会让他觉得有威胁，或者他在伙伴关系中曾经被大一点儿的孩子欺负过。

怎么办呢？简单来说就是：疏堵相结合。

（1）疏。落脚点在平时。平时有针对性地挑选相关主题的绘本，在和孩子一起读绘本或玩游戏的过程中，多强调“小手不是用来打人的，小脚不是用来踢人的”。孩子有时候可能并不能明白“轻轻的”和“重重的”碰触有什么不同，父母可以通过角色扮演来演练和体会，还可以通过形象化的说法来让孩子更加容易理解。比如像蝴蝶落在花上一样轻，像大象跺脚一样重。

对于一些小朋友来说，加入别人的游戏会是一个挑战。父母可以教孩子如何主动去询问，去加入别人的游戏。一开始可以带着孩子一起，甚至可以由妈妈开口帮忙询问：“你们玩得好开心啊，×× 可以加入一起玩吗？”这对于孩子来说是一种示范。

当然，父母希望的是孩子可以自己去询问和融入，所以父母可以在家里进行角色扮演，给孩子机会练习，然后鼓励孩子在实际生活中运用。

另外，很多孩子并不会这么正式地询问，他们常常采用更加自然的方法。比如我见过小朋友先在旁边看，然后对别人的游戏结果表示惊叹（“这个好酷啊！”），或者在别人大笑的时候一起大笑，有的孩子会直接问关于玩具的问题（“哇，这个玩具叫什么名字啊？”）。一旦搭上话了，这些孩子会问：“可以给我试试吗？”所以，父母也可以和孩子练习这些自然而然的方法。

有些孩子手里有玩具的时候，他们可能会主动说：“嘿，你看我这个，它会发光，还会旋转！”然后在别人被吸引过来以后，给别人展示。这个时候，父母需要引导的是：如果别人想要玩，可以轮流或者分享。

（2）堵。 带孩子出门之前，父母要进行预防式提醒。在游戏过程中多注意孩子的情况，通常孩子开始打人或者踢人前会有一些预兆性表现，可能是表情的变化，也可能是身体姿势的变化。如果可以，尽量在孩子动手以前，阻止并引导孩子采用更合适的碰触方式，比如握手、轻轻地拥抱。如果打或者踢的行为已经发生，建议家长自己先向对方家长道歉，然后可以暂时中断孩子的游戏，脱离游戏场景，带他到边上和他一起待一会儿。这个过程中可以告诉孩子为什么需要中断游戏。

待孩子安静以后，带着孩子去向小朋友道歉，再继续玩。有的时候家长会要求孩子道歉，或者象征性说自己孩子两句，这样其实并不会改变孩子打人的情况。很多孩子会觉得随口道歉很容易，打人的行为发生以后也没有任何后果，于是他们还是频繁打人，频繁道歉。

最后提一点：如果孩子频繁打人，那么家长还需要考虑是不是平时养育中也经常有打骂的情况，或者用“要揍你”来威胁孩子。要求孩子做到的，家长自己首先做到才可以。

7. 如何避免孩子争抢玩具

问　“我的儿子1岁7个月，以前跟其他小朋友玩时，偶尔会抢小朋友的玩具，也有一些吵闹，我会讲道理制止。从上个月开始，别的小朋友稍微用力碰他一下或者拿走他的玩具，他就转身要我抱并且要回家，下一次远远地看到这个小朋友就转身跑开。这种情况我应该怎么引导？”

答　1岁7个月的孩子，其实并不能理解大人讲的道理，比如，大人嘴里说的“玩一会儿就还给我”是什么概念？“一会儿”是多久？他们通常理解的是直观看到的结果：我的玩具我现在不能玩，要给别人玩。而且他们也不知道别人会不会把玩具拿走不还回来。

孩子在小的时候会认为所有的东西都是他的，所以他会去拿别人手里的东西，但是随着物权意识的发展，以及大人的制止反馈（包括拿走他抢来的玩具还给别人，批评，讲道理等），孩子慢慢会明白别人手里的东西不能拿，但还是会本能地去保护自己的玩具和领地。

但是如果之前的记忆告诉他，如果有冲突，就说明他拿在手里的玩具可能保不住，那么他会赶紧带着玩具逃开，我觉得这并不难理解。当然，也有可能是之前和某些伙伴冲突给孩子留下了印象，比如因为被推或被打而受伤了，心爱的玩具被抢了，也有可能让孩子采用这种策略。

每个人在面临威胁的时候通常会考虑以下四种策略：要么战，要么逃，要么想办法和解，要么束手就擒。这个宝宝现在采用的是第二种而已。

那这时候该怎么办呢?

（1）进行角色扮演游戏，模拟不同情境下的应对方式。别人推孩子的时候或者抢玩具的时候，他要敢于说不。

（2）找一两个性格温和的同龄孩子作为孩子的固定玩伴，消除他对伙伴关系的恐惧。

（3）在前面两点的基础上，再扩大伙伴游戏范围，练习伙伴技巧。

（4）不建议强迫孩子分享，这个年龄段的孩子还不具备这个认知能力。

8. 孩子做错事总是不承认怎么办

问 “我的女儿快 3 岁了，最近发现她做错事情后自己不承认，总是推卸责任。每次我都马上制止并教育她，但效果不明显，她总是一副无所谓的样子。我该怎么办？”

答 这里其实需要更多背景信息，我无法直接给出具体的分析，但是可以和大家分享一下我的思路：

第一，孩子一般不承认的是哪些事情?

第二，“做错”是大人的理解，孩子做这些事情的动机是什么？

第三，孩子不承认和推卸，那么家长每次是如何和孩子对质的？如果孩子不推卸，承认了错误，家长会给孩子怎样的回应？

第四，当孩子不承认的时候，家长又是如何制止并教育的？

另外，我还会考虑家庭结构、有没有兄弟姐妹、亲子互动模式……

相对应的，大体的处理原则是：

（1）当发现孩子做了什么“错事”时，先不要用严厉指责的语气去“问责”，而是先弄清楚孩子为什么这么做。尽可能心平气和时再去沟通，因为带有情绪的问责很容易让孩子产生警觉自卫心理，从而不和父母交流真实感受。

比如，当父母听到什么物体被摔碎了，是生气地冲到孩子面前，大声询问“你怎么又在搞破坏？！”，还是先用关心的语气询问“发生什么事情了？你受伤没有？”，孩子的感受是截然不同的。

在了解事情发生的前因后果，以及孩子做某件事情的出发点以后，再结合具体情况来和孩子互动，告知孩子其行为的危险性，和孩子一起想想有没有更好的做法。

（2）很多家长会觉得孩子撒谎是孩子的品行问题，但是忽略了孩子撒谎的原因。虽然撒谎有很多种可能，但是其中最常见的两种原因和大人一样：为了获取利益或者逃避惩罚。

所以家长与其说孩子“抵赖、推卸、撒谎”，不如考虑一下：是不是自己给了孩子很多惩罚？我个人更倾向于把孩子的撒谎看成是“孩子选用了一种不合适的解决问题的方式”。

此外，很多时候，其实是父母给孩子提供了撒谎的机会。比如，明明知道某件事情是孩子干的，还要先问一句：“这是谁干的？是不是你干的？”在父母严厉的表情和语气之下，孩子很容易说：“不是。”我更建议父母陈述事实：“我看到你……”“我发现你刚才……”

（3）家长眼里的“制止教育”，如果方法不当，有时候在孩子眼里就是攻击。而孩子面对攻击，有的会积极反抗（发脾气、打人），有的会害怕和伤心地哭泣，还有的则会开启“屏蔽忽略模式”，对父母所说的话选择性屏蔽，不做反应，消极抵抗。

综上所述，我倒是更建议家长梳理一下自己的应对模式和方法，也考虑一下亲子关系和家庭氛围中是否有需要调整的地方。

9. 如何让孩子与小朋友更好地互动

问 “我家宝宝1岁半，到目前为止一直不喜欢和别的小朋友一起玩。在家自己玩的话，家里的玩具、绘本都是到处扔，而且没有特别感兴趣的，最近连放在床上的玩偶她都一定要扔到床外面才行。不知道这样的行为应该如何纠正？”

答 宝宝不喜欢和别的小朋友一起玩，那么她和家人的互动如何呢？家人看着她笑，她会不会回以微笑？语言发育如何？眼神对视怎么样？看到好玩的东西会不会指给父母看？对大人的表情和语气变化敏感吗？喊她名字会回头吗？和小朋友在一起的时候，她完全不看别的小朋友，对人完全没有兴趣吗？如果我以上的这些问题，您的答案都是否定的或不佳的，建议尽快带孩子找医生进行面诊评估，排除孤独症（俗称自闭症）。

如果以上过程中孩子的基本互动都不错，和家人的基本互动也没有问题，通常不需要特别担心。因为这个年龄段的孩子在伙伴关系中还处于“平行游戏”的阶段，他们和小朋友在一起的时候，通常还不会互动或者分享，似乎对小朋友感兴趣，但是又不会真正地互动玩耍。即使孩子喜欢有人在旁边玩，玩的时候也还是各玩各的。

在家里游戏的时候，父母需要考虑的不仅仅是玩具本身，还要考虑大人是否用了恰当的方式陪同玩耍。毕竟再好玩的玩具，孩子也不一定会玩，或者总会玩腻的。玩具应该只是媒介，更重要的是父母如何用这些玩具和孩子互动，激发孩子的好奇心和探索欲。所以，建议父母选择适合这个年龄段的玩具，并且给予高质量的陪伴和引导。

如果孩子喜欢倾倒物体和扔东西，可以选择专门的可以倾倒和扔的玩具，比如用一个专门的箱子装着玩具，让孩子倒，带孩子去玩沙子、玩扔球游戏等。

10. 孩子总喜欢当众纠正别人怎么办

问 “最近，我家孩子和其他小朋友玩，如果其他小朋友有些行为做不好，我家孩子就坚持要去纠正他们的行为。比如他们拿了其他人的东西，我家孩子就会追上去帮人抢回来，别人的鞋子穿反了，他就一定要让他们把鞋子换回来，常常因为这样引起纠纷。请问该怎么引导？”

答 其实大部分孩子都会经历这样的阶段，只不过有些孩子只在家里纠正父母，在外面时会因为不那么熟悉或者知道别人不喜欢而不这么做。比如，大人如果在颜色之间分得不细致，把各种红色都统一说成“红色”，孩子了解颜色以后，很可能会一板一眼地纠正：“这是粉红色的，这是深红色的，这是桃红色的……”

再比如，如果我在家里说英语，很多时候都会被小包子纠正发音。他觉得学英语用英式教材的我发音不像他所说的美式英语（可能还因为我“中式英语”的发音）。

为什么孩子会出现这种情况呢？

孩子的认知发展到了一定水平后，他们开始对身边的世界有更多了解，也会对事物进行归类总结，他们开始形成“非对即错，非黑即白”的简单的判断模式。就像我们小时候看电视，眼里只有好人和坏人，不会有中间地带。

这样的认知特点其实在儿童早期心理发展中是非常重要的，因为知道世界的规则和事物的分类，可以帮助他们感受世界的稳定性和可控性，同时也有利于他们对自己进行定位和判断。这个年龄段的孩子的自我定位，不是我们大人所说的工作角色、家庭角色或者社会角色，他们更多关注的是“我是很棒的”“我是对的那个”“我是好孩子”……

但是，这个年龄段的孩子通常还不会从他人的角度来看待问题并理解他人的感受。所以孩子在公开场合追着去指出别人的错误，或者一定要强行纠正别人，确实可能会影响伙伴关系。

碰到这种问题父母该怎么办呢？

第一个办法是顺其自然，让孩子在碰壁的过程中体会到原来这种做法是不受欢迎的。这个方法可能有效（很多人就是在实践中这么学习和其他人相处的），但是这个做法有可能出现一些问题，比如，孩子需要更长的时间才能明白自己的行为是不恰当的；他也可能会很困惑：“明明他错了，我告诉他了，他为什么还会生气呢？”有些孩子会因为反复地碰壁，不敢再提任何不同意见，或者干脆放弃自己的是非认知，模仿其他做得不对的孩子。

第二个办法是情景模拟。让孩子体会一下被毫不客气地纠正或者批评的感受，然后询问他们的感受，最后再引导孩子想一想，他大声批评别人不对，或者一定要逼着对方更改的时候，对方的心情是怎样的，让孩子明白，喊叫式的提醒是不礼貌的。可以用角色扮演的方式教孩子用更合适的语言来提醒朋友。

同时，还需要告诉孩子，虽然出发点是帮助别人，但是也需要尊重别人的决定。如果别人坚持认为他的做法没有问题，而这些做法不会伤害到其他人的时候，比如坚决不承认他的鞋子穿反了，或者不脱鞋子先脱裤子等，也不能强迫别人。但是，如果别人的做法影响到其他人，甚至伤害到其他人了，比如打人、撕坏图书馆的书、抢了别的小朋友的东西等，在提醒没有用的情况下，可以请老师帮忙。

老师们对此应该也有很深的体验，上课时如果自己哪里出现了口误或者笔误，往往也会被班上的小朋友当众指出来。如果理解孩子的发展阶段特点，相信老师们都会明白孩子不是故意让他们难堪的。

我小学的时候就是那个喜欢当众指出老师口误或者笔误的孩子，非常感谢老师没有打击我的热情，有位老师还每次都谢谢我提醒她（所以我后来每次上她的课都百分之一百二的认真）。

经过恰当的应对，随着年龄的增长以及人际互动中的各种反馈和磨合，这种情况会逐渐减少和消失，父母不需要特别担心。

除了这些表现外，如果孩子还在其他方面表现得和小伙伴格格不入，在伙伴关系中被孤立，则需要在了解更多背景信息的情况下进行调整，必要时需要做一些专业的评估，排除孤独症谱系障碍的可能性。

11. 孩子通过“不好的方式”交流怎么办

问 “我儿子现在4岁半，很喜欢跟大人交流接触，但是为了吸引大家的注意力，喜欢用一种不好的方式来表达，比如会故意冲撞大人，他可能觉得用这种方式大人会比较容易注意到他。这时候大人如果只是跟他用开玩笑的方式说“你怎么可以打我”，他会觉得更好玩了，之后又继续这样。我需要纠正他吗？”

答 这个问题我会从以下几个角度考虑：

第一，孩子为什么需要通过这种不好的方式来交流和表达？是语言表达不够好，还是语言表达不够有效？

语言表达不够好的孩子，可能不太会用语言来表达需求，他们想要和别人互动，但是无法正常进行。而语言表达不够有效，指的是他的语言表达得不到他想要的回应或者关注。比如，孩子发现他想和大人进行“合适的”互动，可是大人随意回应他两句就没有下文了，并不会因为他“合适的”互动就多陪他一起玩或者多关注他；但同时，孩子发现他冲撞他人的时候，大人就会有更多的关注和回应，甚至因此和他玩更刺激的冲撞游戏。两相对比之下，孩子就会越来越喜欢玩冲撞游戏，而降低“合适的”互动频率。

第二，孩子是近期所需要的关注比以前更多了，还是一直如此？如果是更多了，是因为什么原因呢？养育者变化？环境变化？

最后再来考虑应对方式：

（1）如果是某些因素的变化导致孩子最近需要更多的关注和陪伴，那就需要做针对性调整。比如，如果是老二的到来让老大有了应激压力，父母就需要调整和他们的相处模式，通过和老大的“特殊时光”或者让老大参与照顾老二，以及带着两个孩子共同互动的模式等，来让老大更快适应和接受。

（2）当“合适的”互动模式能满足孩子被关注和互动的需求时，孩子就会减少“不合适的”互动模式，这就意味着家长要及时回应和强化孩子“合适的”互动模式。当孩子想要和父母一起玩、一起说话时，父母需要积极回应。同样，父母需要主动丰富和孩子互动的内容，不要出现说了两句话就不知道接下来该做什么、该玩什么的尴尬场景。

（3）如果孩子在伙伴关系中也是如此，父母还可以通过角色扮演、伙伴游戏来示范和练习。比如，模拟孩子和别人一起玩遇到问题时如何应对，孩子在伙伴游戏中感到沮丧或者生气时应该怎么表达。父母还可以模拟被孩子推倒的小朋友，用语言表达出来：“你这样推我，我很不舒服。请不要这样。”……

（4）还需要考虑针对行为本身的做法。最基本的做法就是：简单制止，不过度焦虑，也不强化。在孩子这么做的时候，父母不要表现得特别焦虑，也不要觉得和孩子打闹很好玩，可以淡定地告诉孩子“这不好玩”，当孩子停下来以后，在其他日常活动中积极互动即可。

12. 孩子总是命令其他小朋友怎么办

问 “孩子总是要求别的小朋友按照他说的做，如果别人不听他的命令，他就急得跳脚大叫，有时候还会去推别人。我该怎么办？”

答 这种情况在很多孩子中都会出现，并不是个例。父母留意一下或者回想一下，孩子和小朋友在一起的时候，是否会要求别人按照他的游戏规则来玩？或者玩具分配要按照他的计划来？或者大家一起的时候，排队谁先谁后需要他来安排？……

如果大家都很愿意按照这个孩子的计划要求来，这个孩子就俨然是这个伙伴小组的小领袖了，这并没有什么问题。但是问题在于，学龄前的孩子，他们很多时候并不愿意听从某一个孩子的话。

通常情况下，如果他发现大家都不理睬他的安排，想怎么做就怎么做，这个孩子自己会觉得很烦躁，容易大发脾气，甚至会出现肢体冲突。所以，如果家里有这样的孩子，作为父母，需要和孩子一起来面对这个问题。

（1）通过角色扮演让孩子明白不同的视角。比如告诉孩子坐秋千的时候，你总是坐着，小明总是推，这对小明不公平。如果你先坐那节红色的小火车，而且你本来先到的，后面的小朋友一定要让你坐在那节蓝色的小火车里，你会开心吗？你会愿意和那个小朋友做好伙伴吗？

通过这样的方式让孩子明白：我和小伙伴都是一样的，是平等的，我不是小伙伴的领导，所以我不能命令别人怎么做，即使有不同意见，也应该一起商量。

（2）有的孩子会通过这种掌控感来建立自信，尤其是在家里总是没有机会去做决定，或者自己的想法总是被否定的孩子。如果是这样的情况，父母就有必要调整自己的养育方式了。父母在家里有没有给孩子机会表达自己的看法和感受？在面对一些事情的时候，有没有听一下孩子的意见？孩子有没有机会决定一些他能力范围内可以决定的事情？

（3）孩子想要有影响力和掌控力，并不都是坏事，父母可以试着把孩子的这种特质和能力引向更合适的方向。比如，给孩子一个特定的“秘密任务”：如果操场上有小朋友摔跤，教室里有小朋友哭了，他可以去帮忙；或者每天早上和其他小朋友轮流帮助老师给大家发放课间水果等。

13. 孩子“缺心眼儿”怎么办

问 “孩子总是喜欢去撩其他小朋友，每次在游乐场的时候总是喜欢用手戳别人的背，戳完就笑着跑开。别的孩子都被惹烦了，他却好像没有看到一样继续去撩。别人都打他了，他还笑。他这么缺心眼儿，该怎么办？”

答 有时候，孩子这类“没眼色”的社交行为，确实不会帮助他们建立友谊，还很容易把别人惹怒，适得其反。

在伙伴关系中经常有一类孩子，他们好像总是很兴奋，看到小朋友的时候，总会伸手去撩别人：戳戳别人的背，拍拍别人的头。这些动作虽然都不大（也有力度控制不好，很大力的），但是很容易引起其他小朋友的反感。

更大的问题在于：有时候别的小朋友已经生气了，冲他吼，甚至伸手打他，他还没有意识到别人已经生气了，还以为别人是和他闹着玩的，于是他会更兴奋……恶性循环以后，以冲突升级或者家长介入告终。

对于这类孩子，有些妈妈会问我：他是不是缺心眼儿啊？

其实对于这种情况，一方面和孩子缺乏社交技巧有关，另一方面确实也和他们对他人的表情和情绪的解读不良有一些关系。

所以这些孩子的父母需要通过社交情景的角色扮演游戏来帮助孩子，让他们理解原来这样的行为不被欢迎，有更好的办法可以和别人互动。哪怕就是想要玩兴奋的追逐游戏，也需要在场地允许的情况下，先询问别人是否同意。另外，如果别的孩子已经生气了，这些孩子还没有反应过来别人不喜欢，那么在他们的情绪认知这一块就真的要下点儿功夫了。比如通过社交小故事和表情脸谱，来练习理解和判断别人的情绪感受。

最后要提醒的一点是：有的家长在家里和孩子玩的时候，就喜欢戳戳孩子肚子，出其不意地挠孩子痒痒，总是忍不住拍拍孩子屁股，等等。这些日常接触的方式其实会误导孩子，他会以为这也是表达亲昵的方式。

14. 孩子自己玩得好，看到有人过来就走开，怎么办

问 “我儿子刚2岁，属于谨慎型宝宝。我被深深困扰的是，他无论去哪儿，自己玩得好好的，只要有人来，他就马上不玩了，说怕。例如在游乐场里，哥哥姐姐弟弟妹妹谁都怕。给他讲游乐场是大家的，别人不会影响他，不需要怕，道理讲了一大堆，一点儿用也没有。我该怎么办？”

答 “最近发展区”和“脚手架教育”这两个概念通常被用在认知发展和学业教育领域。简单来说，“最近发展区”就是自己已经掌握的技能和自己独立做不到，但是在别人的帮助下可以掌握的技能之间的那一部分。

脚手架是建房子的时候支在周围的支架，这些支架能方便建筑工作以及保证工人安全。“脚手架教育”是指根据孩子现有的水平基础提供适度的帮助，不代劳，不激进，适时适度撤出帮助和引导。

通常将脚手架教育用于孩子的最近发展区内可以达到很好的效果。其实很多内容是相通的：它们同样适用于社交和情感发展领域。

比如这个问题，父母可以首先判断孩子的社交最近发展区。让孩子和其他小朋友一起玩耍，他自己做不到。这可能和孩子的气质特征有关，也有可能和孩子以前不愉快的伙伴经历有关。

根据现象猜测：孩子社交的最近发展区可能是在父母或者其他可信赖的养育人的陪同下，虽然不和其他小朋友直接互动，但可以在附近观察和玩耍。在这个最近发展区内，大人可以提供的脚手架式教育是什么呢？父母需要理解和尊重孩子的感受，不逼迫、不催促，在孩子表现出焦虑害怕的时候，提供陪伴和情感支持，陪着孩子在游乐场附近玩耍，给孩子观察其他小朋友的机会。

同时，父母可以通过自己的亲戚朋友或者邻居圈子，帮助孩子找一个固定的玩伴。可以请那个小朋友和他的家人一起来家里玩（有小伙伴，而且孩子还是在熟悉的环境中），给孩子熟悉和互动的机会。（妈妈可以在平时和孩子通过角色扮演的小游戏，模拟伙伴游戏的不同场景。）

等孩子和那个小朋友已经很熟悉了，也能玩到一起的时候，父母就需要调整自己的方式了（脚手架教育中，根据孩子的情况动态调整和撤退）。比如，父母可以带孩子去那个小伙伴家里（陌生的环境，但是熟悉的小伙伴），然后再逐步推进到多邀请一个新的小朋友一起玩，和熟悉的小伙伴去游乐场玩（趁人少的时间），最后再过渡到独自带孩子去游乐场。

再回到“最近发展区”的概念。如果家长总是在这个区域以外使劲，比如不做任何改变就让孩子自己玩，或者一定要在孩子做不到的区域（马上独自在游乐场和陌生小朋友愉快玩耍）较劲，都不能达到帮助孩子进步的目的。而且后面的做法，还非常有可能让孩子对小伙伴互动的场景产生更多畏惧，从而更加退缩，这就得不偿失了。

15. 孩子不敢跟陌生人说话怎么办

问 “我的孩子5岁，和家人交流正常，但与不熟悉的人交流时需要鼓励和引导。下一步是继续引导还是让她自主思考回答为好？”

答 其实很多大人在面对熟悉的人和不熟悉的人时也会有不同的表现。虽然有些孩子和不熟悉的人很快就能熟络而且越来越兴奋，但也有一些孩子行为拘谨，表达的时候不那么顺畅。这些都是正常现象。

孩子和不熟悉的人交流时，家长是引导还是让孩子自主思考，我的建议如下：

（1）如果孩子没有退缩的表现，只是表现得有些拘谨，或者言语虽然断断续续，但是她能自己继续下去，不建议家长过快帮忙，或者太过急切地鼓励孩子去说。因为孩子总是要面对和不熟悉的人交流的场景，爸爸妈妈不可能每次都在旁边。

一开始不顺畅没有关系，孩子每次交流都会有自己的感受。不断交流也是不断总结学习的过程，可以锻炼孩子在陌生人面前处于紧张心境下语言表达的能力。父母过于着急地帮忙和鼓励，反而给孩子造成压力。

父母可以保持轻松随意神态，耐心倾听，只在孩子看向自己的时候适度给一些提示和支持。如果有什么地方是自己觉得孩子需要调整或者不太妥当的，完全可以等没有其他人的时候和孩子讨论，引导孩子想一想有没有更好的说法和做法。

（2）如果孩子表现得很紧张，那么大人可以在一旁表示支持。支持可以是身体上的（比如弯腰搂着孩子的肩膀），也可以是言语上的（比如孩子对想说的内容一时紧张找不到词的时候，可以温声询问并帮她把想说的表达出来）。

要注意的是，如果孩子的紧张特别严重，比如身体发抖、额头冒汗等，不要强迫孩子，要及时给予支持。还可以在日常生活中逐步进行脱敏训练，以及和孩子就某些话题提前进行演练。

16. 孩子总是怕某一类人怎么办

问 “我的女儿 1 岁半，只要男的来家里她就吓得大哭，抱着我不松手，特别害怕，然后让我抱她出屋子，不敢进屋里去。女的就没有事。这是什么原因？我该怎么引导呢？”

答 孩子怕某一个类型的陌生人，在幼儿期是很常见的。提问中的孩子是害怕男性，也有孩子是害怕老人，或者某个类型的中年女性。因为孩子通常不会说，所以家长很难知道确切的原因。

最常见的原因是和孩子过去的经历相关。比如，有的孩子曾经被某个男性很大的声音吓到过，被某个表情吓到过，被陌生男性强行抱过（甚至被侵犯的情况），等等，她可能会泛化到对所有陌生男性都产生恐惧。此外，如果在孩子成长过程中，男性家长参与非常少，那么在一般怕生行为中，更怕男性是非常普遍和正常的，因为男性的面孔、声音与孩子每天接触的女性角色有很大的不同。

除了这个原因外，孩子害怕某个或者某类特定的人，也有可能仅仅是因为这个（些）人的某个特征，比如长相，特定的表情、眼神、声音频率，长头发等，很难百分百确定。

那具体该怎么引导呢？

孩子表现恐惧时给予安抚保护，不强迫、不责怪，然后等孩子情绪稳定后进行逐步脱敏。比如，先看男性图片，抱着孩子远远观察真人，再隔远一点儿和他打招呼，带孩子去有其他爸爸出现的游乐场（孩子在游戏中会放松一些）……逐步推进。

另外，孩子只怕某一类人，并不是所有的陌生人都怕，这和很多小朋友看到陌生人都会出现的认生反应还是不一样的。这也是为什么我经常强调个体化问题的分析和建议非常重要的原因。

17. 孩子被贴标签后如何应对

问 “我的儿子 2 岁多，性格比较内向、谨慎、慢热，出去玩都是先观察然后才行动。这样就经常被别人贴标签说胆小之类的。我不想孩子总是听到这种言论，又不知道怎样去给他解释。我也不能不让他接触别人，但接触了就难免被贴标签，怎样处理比较好，望指教。”

答 确实，如果父母带孩子出去，总免不了有人给孩子贴各种评判式标签，这是一件让父母很为难的事情。一方面觉得这样说孩子不好，另一方面又不好撕破脸来制止。毕竟大多数时候，评判的那些人都是关系不错的人，不能都撕破脸。

换作是我，别人评论的时候，我会首先制止，语气委婉但观点明确地提醒：“我们家宝贝不是胆小，他只是需要多一点儿时间来观察和熟悉陌生的人和环境。”

如果是关系很好的亲戚朋友，我会私下再和他们解释一下，请他们以后不要当着孩子的面这样说他。通常关系不错的亲戚朋友，我真诚地提醒后，大家都会理解和配合的。实在不行，我也会搬出所谓的专家说，比如儿童心理专家说，这样当着孩子面说他胆小，会影响孩子的自信心。

关系一般甚至是在游乐场萍水相逢的人，我这么说了，他们无论理不理解，通常也不会继续追着孩子说了。但是，真要碰到那种不管不顾继续说的，我会直接说：“这是我孩子，我觉得他很好，您不了解他，请不要这么随意评论他。”最不济就只能避而远之。

采取这些方法，一方面是希望改变孩子所处的外在环境，另一方面是让孩子看到妈妈对他的理解和支持，看到妈妈的保护和爱。毕竟，相较于别人的评价，妈妈的评价对孩子影响更大。很多时候，外界的压力在孩子的成长过程中是不可避免的，父母可以做的，是在合适的时候充当孩子的压力缓冲垫。

第五章

从细微处改变，轻松培养好习惯

吃饭之前洗手，可以预防疾病的发生和传播。

吃饭的时候坐餐椅，可以让孩子更好地把注意力放在吃饭上，也可以预防跑跳进食所带来的潜在危险。

固定睡前程序，可以让孩子有个规律的睡眠安排，帮助孩子减少入睡困难。

…………

养成良好的习惯，离不开孩子的理解和配合，也离不开父母带着耐心和理解的坚持。

1. 怎么让孩子好好吃饭

问 “我家宝宝现在吃饭一定要追喂、哄骗，可能跟奶奶带有关系。想要调整过来，有什么好的方法吗？”

答 不知道宝宝年龄多大，但是认真来说，无论什么年龄都不建议通过追喂和哄骗的方式让孩子吃饭。

吃饭本来是一件因为饥饿感和对食物喜欢而驱动的事情，如果被强迫，且吃多少自己说了不算，吃的时候也不能坐着，吃饭就会变成一件很痛苦的事情，无论对于大人还是小孩来说都是如此。长期喂饭还会让孩子觉得吃饭时大人应该帮忙，自己只管玩和张嘴就好。如果是老人追着喂孩子饭，孩子跑动过程中嘴里含着食物，也会增加发生意外的风险。

如果要调整这种状态，首先需要明确的是：

（1）进食是人的基本需求，也是缓解饥饿和获取快乐的方式。孩子有基本的感知饥饿和饱腹的能力，这种感觉不是由大人来决定的。宝宝从出生开始就会有饥饿时想办法填饱肚子的本能。

（2）大人应该负责的是：决定吃饭的时间，并根据情况给孩子提供合理搭配和恰当烹饪的食物。孩子根据自己当时是否饥饿及个人的口味，来决定吃多少、吃什么。作为大人，如果不明白，可以想象一下：每餐都有人在你饱的时候拼命给你塞饭，逼你吃不爱吃的东西，你的感受如何呢？

父母总是很担心孩子的生长发育，总是觉得孩子“太瘦了”。其实很多人对“瘦”的看法都是很主观的，如果仔细去看看孩子的生长发育曲线，大都会发现孩子的生长发育在正常范围内。所以，这些时候的“瘦”只是大人眼里的“瘦”，或者比某个认识的其他孩子瘦而已。父母更需要注意的是：研究证实，儿童肥胖不代表更健康，反而预示着各种心血管疾病。

如果孩子体重身高确实不理想，也不怎么吃东西，怎么办呢？

（1）食物的种类、量、烹饪方法以及进食时间的安排是父母应该关注的重点。父母需要考虑的是：孩子吃的种类是否丰富？给孩子提供的食物量是孩子的需求量还是父母觉得合适的量？食物的烹饪方法是否有变化？比如肉丝加淀粉会更细嫩，肉除了炒，还可以做成饼等。进食时间的安排是否合理？一天三大餐两小餐是推荐的幼儿进食频率。家长应在进食时间内提供合适的食物，和孩子一起快乐地享受食物。

如果孩子的身高体重持续处于正常线以下，或者增长速度不知原因地快速下降，那么需要找专业的医生进行评估分析。

（2）进食需要有基本的规则。比如吃饭需要坐在桌边（小宝宝需要坐在餐椅上），下桌了就停止进食。如果孩子不吃了，只是拿着食物玩耍或者自己说吃饱了，都不要强求追喂，让孩子结束进食，下桌玩耍。

另外，孩子的进食情况和活动量密切相关，犯困和刚起床时通常胃口不佳。所以一方面要保证每天的活动量，另一方面也需要避免在孩子刚起床时就安排他们进食。小朋友容易有“大小餐”：上一顿吃得少，结束进餐了，下一顿通常进食就会多一点儿；相反，如果上一顿吃得太多或者过于油腻，下一顿则很可能少吃。不必担忧。

2. 如何让孩子主动收拾玩具

问 “我的女儿2岁8个月，老是乱扔东西。平时在早教中心，老师也教她东西从哪里拿的放回哪里去，她会配合老师，在家我们对她这样说，她只两天就不干了。为了纠正她这个毛病，我训过，也拿东西鼓励过，效果都不明显。请问怎么改掉她这个坏习惯？”

答 孩子拿了玩具以后不放回去确实是很多家长比较困扰的“小问题”，尤其是在孩子的玩具很多的情况下，经常会让家里看起来像杂乱的战场。但是，很多家长（包括我自己）都发现，孩子在幼儿园时每次玩了玩具都会放回原处。

我曾经对比过孩子在家里和在学校的不同表现，觉得可以从以下几点考虑，与大家共勉：

（1）对于所有人来说，形成行为习惯（或者特定路径）往往需要重复操作演练。这一点幼儿园有做到，但是很多家庭没有做到。幼儿园老师会在孩子刚入园的那段时间将其作为课室结构化的一部分，每个活动结束的时候，老师会提醒，伙伴之间会互相模仿，从而让收拾玩具成为每个活动结束后的必然步骤。

有时候是因为家长很少全程陪孩子玩每一个玩具，所以难以保证在孩子建立习惯的过程中坚持给孩子提醒和鼓励；有时候是因为不同的家长对于孩子游戏结束后是否收拾玩具的要求不同；还有一些家长自己平时就喜欢随手扔东西，没有好的言传身教。

（2）一个行为的发生往往和环境（包括环境里的人）有关。比如我们在公共场合、在领导面前，和我们在私人场合、在熟人面前，自然而然会有不同的表现，甚至我们坐在办公室电脑前和在家里电脑前做事的模式都会有区别。孩子也是如此，重复的经历让某些特定环境因素成为某些特定行为发生的前提刺激。比如，因为幼儿园老师的提醒鼓励以及小伙伴之间的相互模仿，孩子在幼儿园就会自然而然地收拾玩具，但是在家里就不会收拾。

（3）家长提醒的方式也很重要。家长习惯用命令式语气，比如“快点儿把玩具收拾好”；或者重复单调但笼统的表扬，比如“哇，你好棒”；或者引诱式,比如“你把玩具收拾好,妈妈就给你奖励”……当孩子磨蹭(很常见）的时候，很多家长就会出现爆发：“妈妈让你快点收拾玩具！瞎磨蹭什么?！快点！”

幼儿园老师会怎样呢?

他们用儿歌的形式来强化收拾玩具的概念，并增加趣味性，或者是给孩子比较具体的提醒。不是说“把你玩的玩具放回去”，也不是给一长串指令，而是具体地说“请把绿色的小汽车放回去”。孩子收拾了以后，及时肯定：“谢谢你把它放回去”。

有些老师还会帮忙一起收，尤其是玩具很多的时候（比如积木）。其实对于幼儿来说，让他独自收拾很多玩具是不太现实的，这一点很多家长需要调整期望值。所以，父母应该和孩子一起收拾，并让收拾的过程变得有趣。

还可以提前预告和提醒。比如“再玩两分钟我们就要把玩具收起来了”或者“我们把玩具收拾好就要去吃饭了”……

有时候孩子有游戏任务没有完成，允许孩子把半成品留到第二天，不要强求孩子拆掉收起来，但是要求孩子找个特定的地方单独放好。

回到这个提问，训斥会让孩子对收拾玩具有抵抗心理，长期靠奖励物去诱惑往往会面临衡量奖励物的权重是否足够，以及奖励物效果疲软等问题。所以，奖励物可以用来帮忙建立新的行为或者行为路径，但是长期来说，维持一个行为，还是依赖于习惯的建立以及内在驱动力。

3. 孩子喜欢扔玩具怎么办

问 “我的女儿2岁1个月，最近很喜欢把桌子上、凳子上的东西全部扔到地上，她觉得很好玩。每次我都会要求她自己捡起来，但是转身她又扔地上了。请问我应该怎么去引导她不要扔东西呢？”

答 喜欢把东西扔到地上，要考虑以下几个方面：

（1）2岁多的孩子应该有更多玩具的功能性玩法。比如拿到汽车会推着玩、拿到书会翻着看等。如果孩子只是偶尔喜欢把东西扔到地上，大部分时间玩玩具以及与人沟通都没有问题，通常不需要担心。

但是如果孩子几乎不怎么会功能性玩法，和大人的互动（比如社交性微笑、眼神对视、指令服从、展示自己的玩具等）也很不理想，建议带孩子去做发育评估。

（2）观察以下几个问题：这种行为在什么情况下更频繁出现？最近有没有接触一些和摔打有关的游戏或者视频？孩子扔物体后父母以及其他家人的反应如何？

如果总是在睡觉前出现这种情况，建议家长睡前引领孩子做一些安静的游戏，及时接收孩子犯困的信号，并安排孩子休息。

如果家人在孩子扔物体后给予很多回应，而且这些回应让孩子笑得更欢，或者孩子一边扔还一边看着大人笑，那么家人需要注意调整自己的反应模式，以免孩子把扔东西看成一种互动游戏。

（3）孩子扔的时候，不要过度反应，可以用平静中性的语气说“这不好玩”，同时把物体收起来，放到孩子拿不到的地方。随后可以拿起玩具和孩子进行功能性的游戏，在游戏中和孩子进行更多的互动，让孩子更投入。

（4）给孩子足够的关注和互动。有些孩子是因为父母在陪伴的时候关注不够，只顾自己玩手机或者和他人交谈，只有在他扔玩具时才有反应。这种情况下，扔玩具的行为就被强化了。所以建议在陪伴孩子的时候，要多关注孩子。

当然，确实有的小朋友喜欢玩丢或者扔的游戏。我们可以在平时的游戏中安排一些扔、甩的玩具，比如小飞盘、球类，甚至那种布质的“雪球”等。

4. 如何让孩子更好地排便

问 “我的女儿2岁3个月，有时候感觉她快尿了，就和她商量先去尿尿，她总是说‘不’，然而基本就是她说‘不’的2分钟内就直接尿了。但如果强行抱去上厕所，很多时候就会挣扎哭闹。请问这种情况该如何应对呢？”

答 顺利完成排便训练，不仅需要孩子在身体发育上准备好，还需要在认知和心理上准备好。从您所描述的情况来看，您有点儿操之过急了。

首先，感受身体的便意，判断便意强弱，判断可以坚持的时间、自己所处的地方和厕所的距离，提前多久告诉父母，这一系列的内容都需要孩子有足够的认知能力。早期孩子无法做好精确判断的时候，经常容易出现刚说不尿，没多久就尿了，或者说要尿尿，结果坐在马桶上半天尿不出来等情况，这些都很正常。

其次，孩子坐在马桶上直接排便，还需要她在心理上有所准备。因为孩子已经习惯了使用尿不湿，在并不熟悉马桶使用方法的情况下，让孩子坐在马桶上，就像一个已经习惯蹲坑小便的人第一次坐着小便一样，会非常不习惯和别扭。

在孩子认知判断能力不成熟、心理准备不到位的时候，您强迫她坐到马桶上，只会适得其反，让她对坐在马桶上小便更加排斥和害怕。如果您因为她拉到衣服上而责备和惩罚她，甚至可能会导致她害怕排便。我在咨询中遇到过这种情况，孩子一要便便，就害怕得直哭。

研究发现，完成大小便训练的平均年龄是3岁。如果不顾孩子的心理认知状态，过早、过快进行训练，孩子容易出现各种情绪行为问题，而且实现稳定的自我排便耗时会比其他孩子长，即使仓促成功，反复的情况也很常见。也就是说，过早、过猛发力，反而欲速不达。

我的建议是：

（1）目前的排便训练退回到最初，不强迫孩子坐马桶，以消除孩子对排便的抗拒。

（2）通过绘本和视频给孩子讲排便，或者让孩子拿着小玩偶和玩具马桶玩过家家，带着孩子去厕所把尿布里的大便倒进马桶冲走等。这些方法可以让孩子明白排便是怎么回事，进一步减少孩子对排便的抗拒。

（3）鼓励孩子不脱衣服和尿布坐马桶，尤其是在常规排便的时间。比如饭后10分钟胃肠蠕动加快，很容易有排便的感觉；或者早上醒来起床后要排便，等等。

（4）如果孩子排便之后告诉父母，不要责怪她为什么不提前告知，而是应该肯定她告诉父母的行为，然后平静轻松地带着孩子去清理。

（5）观察孩子排便之前的行为信号，比如夹着腿、打战等。当这些信号出现的时候，可以带着孩子去坐马桶，但是不要求孩子能脱下尿布顺利地在马桶上排便。如果孩子能穿着尿布坐在马桶上排便，就又是一个很大的进步，要给孩子积极的肯定。

在完成上述步骤以后，可以鼓励孩子在排便之前，自己穿着尿布走到马桶上，顺其自然而不强求。

最后，再考虑鼓励孩子脱掉尿布，自己坐在马桶上排便。如果孩子对于排大便很抗拒和害怕，可以先从小便开始。

总之，根据孩子的发展水平和准备程度，循序渐进，不要跨度太大。

5. 孩子洗澡时不愿父母帮忙怎么办

问 “我的女儿4岁10个月。昨晚她要自己洗澡，因为已经快10点了，我没同意，帮她洗澡的时候，她一直在哭。帮她洗完后，她突然冒出一句：‘全家人都在欺负我。’我也知道平时家里的人都比较强势，但没想到她会这样说。我应该学习什么相处之道？请指导。”

答 我非常理解妈妈希望孩子“赶紧洗好赶紧休息”的期望，但是从这件事情和孩子的话语中也看出了一些问题。

父母给孩子洗澡的年龄，是需要考虑的。同性父母给孩子洗澡的年龄虽然可以长一点儿，但是一般也是有界限的。比如美国《儿童性侵犯杂志》中的一篇文章（结合了700多位儿童心理学家、精神科医生及儿童保护组织社工的建议）建议：妈妈给女儿洗澡建议不超过5岁，爸爸给儿子洗澡建议不超过4岁3个月。问题中孩子在接近5岁的时候，要求自己洗澡，从养育角度来说是非常棒的，而妈妈的做法其实给孩子一种“身体不属于自己，由妈妈操控”的不被尊重的感觉，所以孩子觉得被欺负了。

如果这个事情只是个别事件，还不需要特别担心。但是如果父母乃至家里其他大人都强势对待孩子，忽视孩子的想法和需求，在孩子伤心时不予安慰也要他硬性完成（无论是洗澡睡觉，还是做其他事情），那么，孩子很大可能要么积极抵抗（所谓逆反），要么消极抵抗（拖拉、故意做不好事情等），要么放弃自己（凡事完全依赖大人，不会自己积极努力和争取）。

父母应该把孩子当作独立的、平等的个体。父母是孩子的引路人，是他们成长的协助者，不是控制者和主导者。

其实可以仔细想一想，是不是有更好的办法？比如答应孩子自己洗，但是因为比较晚了，建议孩子洗快一点儿，问问孩子最快可以几分钟完成，甚至可以定个闹钟提醒时间。就算孩子比大人慢，晚睡 10 分钟真的非常重要吗？还是说妈妈对事情的预期太高让自己的神经绷得太紧？

6. 怎样才能让孩子不摸妈妈乳房

问 “我的儿子 1 岁 6 个月，断奶 2 个月。他最近总拉着我的领口看或者掀衣服。跟他讲‘宝宝不吃奶了’，有时候他会停止，有时候不甘心。有时候他也会跑过来要求抱抱，使劲把脸埋在我胸部。近两三天，非要伸手摸，阻止无效。近期生活环境和作息正常，家人没有不当行为。这样的状况，我需要怎么应对？”

答 从问题描述中可以看得出来孩子的这些行为是心理需求。吸吮妈妈乳房是孩子在和妈妈断开脐带连接之后最亲密的连接方式，对于孩子来说，妈妈的乳房是赖以生存的食物来源，也是他们觉得安全和温暖的地方。所以，断奶半年后孩子行为出现反复是比较常见的，因为他还没有适应这种分离。这是孩子从喝奶到断奶的过渡期表现。

我的建议如下：

（1）具体怎么应对，不仅要考虑孩子的需求，也要考虑妈妈的心理接受度。如果妈妈本人容许，可以在这段时间里不阻止孩子时不时过来抱抱和用脸部磨蹭胸部。如果他要看妈妈乳房，可以在看了之后让他和乳房说再见。不绝对阻止，能够减少孩子的焦虑不安。在此基础上，尽可能丰富孩子的游戏互动，给孩子高质量互动，很多时候孩子自己对乳房的依恋会越来越少。

（2）之前孩子不要求用手摸，最近出现要用手摸的情况，这很可能和前面妈妈的绝对拒绝有关。我曾经见过一个妈妈在孩子提要求的时候立刻把孩子一把推开。我能理解妈妈的心情，一方面害怕孩子重新要求喝奶，另一方面内心觉得不自在，好像总觉得断奶以后再让孩子摸乳房是非常不好的行为。但是，如果断然拒绝而且态度生硬，会让孩子在更焦虑着急的情况下，出现更多要亲近妈妈乳房的心理需求。

如果妈妈确实接受不了，可以考虑逐步减少和限制。比如白天在孩子提要求的时候尽可能转移注意力，带孩子玩游戏。孩子要摸的时候，可以改成妈妈抱抱他，让他靠在妈妈的怀里。如果孩子无法通过上面的方法转移注意力，而且表现得很焦虑不安，可以考虑安抚物的引入，或允许孩子在某些特定时间、特定地点隔着衣物触摸，然后逐渐缩短时间和减少次数。

（3）还有一个可能：孩子对妈妈的身体好奇，就像对他自己的身体好奇一样，或者在妈妈抱他的时候感受到柔软的触感。如果妈妈觉得可以接受，不妨找个机会让这个年龄的孩子了解。

才1岁半的孩子可能还不太明白隐私部位的概念，但是等孩子大一些、语言理解能力更好的时候，就可以开始借助绘本或者性教育娃娃进行隐私部位的教育了，包括内衣原则（内衣遮住的地方不能让人看到和碰触）、尊重自己以及他人的身体界限（不经过自己允许别人不可以碰触自己，不经过别人允许我们也不能去碰触别人）等。

7. 孩子抠自己乳头怎么办

问 “我的女儿3岁半，今年幼儿园春季开学以后喜欢抠自己的乳头（之前有段时间抠手上的疙瘩）。排队玩游戏或者安静的时候她都一直用手抠，晚上醒了也抠。现在秋季开学，老师说她差不多一直都在抠乳头。平常在家玩玩具转移注意力就稍微好点。请问我应该如何应对呢？”

答 考虑到孩子在开始抠乳头之前有一段时间是抠手上的疙瘩，所以大概可以判断孩子抠乳头的行为不仅仅是因为抠乳头所带来的身体感觉。

在儿童的成长过程里，确实有一些孩子会有不同的自我安抚行为或者习惯性行为，其中有一种就是孩子喜欢抠或者摸一些凸起的地方，比如玩偶凸起的小鼻子、身上的小疙瘩、伤口结的痂，等等。还有一些孩子不是抠凸起的地方，而是抠指甲两侧的皮肤、抠肚脐眼，或者扯眉毛、睫毛等。

这些行为容易变成一种习惯，在无聊或者紧张的时候就会出现。很多时候，孩子自己并没有意识到，或者有的孩子意识到了也很难停止。有的时候孩子即使意识到了或者被提醒了，也一定要把指甲边翘起来的皮扯干净，或者把肚脐眼里能感觉到的分泌物清理干净，或者把伤口上所有的痂都抠掉……

而且抠身体部位和抠摸玩具还有一个不同点，抠摸身体部位时会获得相应的身体刺激。就像抠摸乳头的孩子可能会有身体的快感，这种快感就有可能使这种行为被强化。

在没有采集具体背景信息的情况下，简略提供以下建议供参考：

因为孩子在家里的情况比在学校的要稍好，而且是在春季入园之后开始出现这样的行为的，所以孩子抠摸乳头的行为应该和入学适应阶段的心理调适有关。

（1）在这种情况下，建议和老师进一步沟通孩子在学校里的其他情况，比如和小伙伴的关系、幼儿园内活动的参与度、和老师的互动情况，等等。 同时也建议通过和孩子进行角色扮演以及睡前对话的方式，从孩子的角度了解她在幼儿园里的感受和喜好。如果有适应困难的情况，建议先从这些情况入手。也就是说，先找出行为背后的原因，看看能从原因的角度做些什么调整。

（2）请老师不要当众批评孩子的这种行为，而是尽可能减少她无聊和思维放空的时间，让她的手有事可做。当孩子的手不空闲时，自然无法一边抠摸乳头一边玩玩具，这就是鼓励竞争性行为。

（3）孩子在家的时候不要打骂，尽可能提供高质量陪伴，父母不要过多焦虑。非睡觉时间不动声色地转移孩子的注意力，让她的手有物体可握或者有事可做。

睡前不要让孩子提前太早上床，可以用讲故事、看书的方式帮助她平静和放松，让她抱着安抚玩偶或者喜欢的玩具入睡，也可以一边和她讲故事一边给她按压揉捏手指头，帮助她入睡。

孩子大一点儿（4 岁左右），适应幼儿园以后，通常这种行为会减少或消失。如果随着年龄的增长这种情况还没有减少，父母可以求助专业人士，分析背后原因，也可以在有专业人士的指导下考虑使用行为调整计划。

8. 孩子睡前吸吮手指或者抚摸毛巾才能入睡怎么办

问

“我有个问题想代几位有同样困惑的妈妈咨询一下：孩子 3 岁多，睡前总需要通过摸毛巾和吮手指入睡，这种现象产生的原因是孩子安全感不足吗？”

答

睡前有一些小动作其实在孩子中非常普遍，有的孩子是要摸着东西（摸妈妈手、脸、耳垂、肚子、乳房，或者床单、毛巾等），有的孩子是要吸吮或者含着东西（手指头、安抚奶嘴、自己的嘴唇、小毛巾、衣领、袖口等）。

虽然摸着或者含着的对象不同，背后的原因根据年龄和状态大概有：有的孩子吸吮手指、啃咬毛巾是因为出牙，有的是入睡仪式的安抚行为，有的是自己入睡很害怕，有的是焦虑性安抚行为。

抚摸行为和口腔吸吮或者含着的行为在应对上确实有些不同。

对于抚摸行为，如果孩子是抚摸物体，通常不建议做任何干预，顺其自然就好。如果是抚摸养育人的身体部位，就需要考虑孩子的年龄和养育人自己的感受和接受度了。很多妈妈对于孩子抚摸自己手部、脸部或者耳垂并不排斥，但是对于孩子要摸着自己的乳房入睡会很担心，害怕对孩子的性教育有影响。抚摸妈妈乳房的问题，我在前面的问题里谈过一种情况，而睡前如果孩子要摸着妈妈乳房入睡，考虑的出发点又有些不同。

如果孩子小，妈妈自己觉得没有问题，也可以慢慢调整。但是如果孩子大了（比如 2~3 岁能更好理解语言信息的时候），哪怕妈妈自己觉得不是很大的问题，也需要教给孩子隐私部位的概念以及隐私部位的自我保护。孩子摸着妈妈的乳房入睡，虽然他们眼里的乳房和大人对乳房的理解不同，但是从这个阶段开始让孩子明白每个人的隐私部位都不能随便碰触也很重要。

如果妈妈对孩子喝奶之外的时间碰触自己乳房都不能接受，那么无论孩子是什么年龄，妈妈都可以考虑做一些调整。养育孩子的过程中，除了孩子的需求和感受，也需要考虑父母自己的需求和感受。小的时候，有的孩子会一边喝奶一边用手摸妈妈另一侧的乳房，这个时候妈妈可以一边喂奶，一边把他们那只小手握在手里轻轻抚摸，也可以把长毛衣链的链坠或者某个抓握玩具放在孩子的那只手里。如果孩子大一点儿，妈妈就需要告诉孩子这是妈妈的隐私部位，妈妈不喜欢他这样做，然后可以提供替代性安抚物让其抚摸。

吸吮行为之所以和抚摸行为不同，是因为很多父母担心吸吮对口腔和牙齿造成影响，还有父母担心吸吮会导致手指头长茧或者变形。

美国儿科学会口腔分会建议，孩子在 4 岁时停止非营养性吸吮。目前关于非营养性吸吮对口腔和牙齿的影响证据不一致，非营养性吸吮对口腔和牙齿造成影响的具体时间在研究报告中从每天 2 个小时到每天 6 个小时不等。

从养育的角度出发，孩子如果吸吮手指只是在睡前出现，可以考虑以下几点：

（1）很小的宝宝可以尝试使用安抚奶嘴（在不存在乳头混淆的情况下），因为孩子大了以后，放弃安抚奶嘴比放弃吸吮手指更容易。

（2）大一点儿的宝宝，可以考虑上床时间的合理性。比如在知道孩子大概入睡时间的前提下，稍稍提早 15~30 分钟让他上床睡觉，不要提前太早。这样可以缩短吸吮手指的时间，也可以避免有些孩子出现睡不着无聊抚摸自己生殖器的情况。很多孩子随着年龄的增长，会自发停止睡前吸吮手指的行为。

（3）可以引入睡前安抚物，或者允许孩子拿着自己喜欢的某个玩具入睡。

（4）和孩子一起讨论。语言表达和理解能力很好的孩子，家长可以和他讨论睡前吸吮手指的问题，听听他的想法和主意。对于自己参与讨论的事情，孩子会更有自己去调整的主动性。

如果孩子吸吮手指特别频繁，清醒时也频繁含着手指，不仅吸吮手指，还频繁把手指的皮肤撕得流血，问题会更复杂一些。这种情况下，如果只是想着给孩子涂“指甲水”或者戴手套，通常不能解决问题，还需要更多考虑孩子行为背后的心理状态，是焦虑惶恐，还是习惯性行为？养育环境、亲子互动模式以及在学校的情况等也需要考虑在内，然后才能做针对性处理。

9. 如何让孩子告别边吃边玩

问 “我的女儿2岁1个月，刚开始吃饭的时候还很认真，过不了多久就开始不专心，玩勺子、玩碟子、唱歌、说话……如果我跟她说话或者讲故事，她可能还会继续吃，但是如果还是不吃，我就会说看动画片的时间没有了。请问对于不专心吃饭的孩子有什么好方法？”

答 这个问题和前面提到的吃饭扔食物有一些重叠之处，也有一些不同。我会考虑以下几个方面：

（1）具体问题具体分析。开始时认真吃，后面不专心，是不是说明孩子刚开始是饿的，后来已经饱了？给孩子提供的食物量是孩子需求的量还是父母觉得合适的量？很多时候大人用自己的食量来估计孩子应该吃的量，就像有些老人怕冷就觉得孩子应该多穿，其实是标准用错了。如果孩子自己觉得不饿了，不想吃了，大人硬要孩子坐着继续吃，这个过程拉得很长，就大可不必了。

有的大人会说：“如果我一边陪他玩转移注意力一边让他吃饭，或者我喂他吃，他还是多少能再吃点的啊。”确实会这样，但是这种情况多为“无意识进食”，并不是孩子自己身体的真实需求。其实大人也是如此，很多人一边看电视一边吃东西，经常就会吃多了，就是因为无意识进食的量超过了身体本来需要的量。

（2）注意食物的种类、量以及烹饪方法。这里父母要考虑：孩子吃的种类是否丰富？食物的烹饪方法是否有变化？食物的提供方式是一个大碗的杂烩，还是有不同格子的餐盘，每格少量？

（3）培养良好的进食习惯。在不提供玩具、不刻意把食物当玩具、大人不刻意在吃饭时讲故事和游戏的情况下，孩子如果停顿一会儿后继续吃，个人觉得完全没有问题。父母可以隔几分钟问问孩子：“还要不要吃？饱了没有？”如果孩子表示吃饱了，不吃了，建议尊重孩子的意见。

（4）有些孩子确实会一边吃一边玩食物，这在幼儿期很正常。尤其是添加了新的食物以后，他们会多感官去了解食物，比如闻、捏，把一种食物与另外的食物放到一起，除了用勺子更愿意用手等。只要不是刻意浪费食物（丢在地上），我觉得边吃边玩对于目前这个年龄段的孩子而言不会是一个问题。进食障碍有一种治疗方法就是从让孩子感觉食物开始。

（5）建议吃饭时，大人自己也吃。不要一直看着孩子，否则这个过程大人小孩都不会轻松，大人觉得很着急，孩子也觉得吃饭压力大。孩子大一点儿后（3 岁左右），可以通过闹钟引入时间的概念，大人也可以在放慢速度吃完以后离开桌子，给孩子传递吃饭的时间概念。

关于饭后动画片时间，我觉得可以在孩子明白时间概念之后引入，但不是用威胁的方式，而是用安排家庭活动的方式。比如，每天看动画片或者看绘本的时间是晚上 6:30—7:00，吃饭时间大概是晚上 6:00。用闹钟告诉孩子动画片时间什么时候开始和什么时候结束。如果已经开始了，剩下时间的多少就根据孩子吃完时间的早晚来计算。这也算是一种逻辑后果的运用。如果孩子没吃饱就不吃，也不要强求，顺其自然收拾碗筷，并且在下一次进食前不提供额外食物即可。

10. 孩子只想喝奶不想吃饭怎么办

问 “我的儿子1岁2个月，最近每次吃饭前就开始哭，坐到餐椅里就不吃饭，手一直指着我的胸，不给吃奶就哭。我试过坚决不给，告诉他‘你应该吃饭不应该吃奶，你可以哭，但是妈妈不会喂奶’，他就一直哭到我把他从餐椅中抱出来，一口饭都不吃。这样会不会让他更不愿意吃饭？”

答 1岁2个月的宝宝只想喝奶，不想吃饭，确实会让妈妈很纠结和焦虑。在没有更多背景信息的情况下（比如孩子什么时候开始坐餐椅吃饭，最近日常生活有什么变化，以及孩子自身有哪些变化，母乳次数和量等），我考虑的方向大概是这样的：

1岁左右的孩子处于分离焦虑的高峰时期，最近饮食习惯的变化是不是因为妈妈开始有日常安排的变化？比如换新的照料者，或者妈妈上班等。

让孩子坐在餐椅里哭，坚决不给奶，这个年龄段的孩子很多时候不能理解妈妈的意思是先吃饭再喝奶，他会认为妈妈不想给他奶喝，他也会迷惑妈妈为什么不理会他的哭闹。据你的描述，最后孩子还是在没有吃饭并哭着的时候被抱出来了，所以也证明孩子不吃饭就让他自己坐在餐椅里哭是无效的方法。目前的做法反而会让孩子通过几次经验知道，最后妈妈还是会把自己抱起来的，还是会在不吃饭的时候给自己喂奶的，这样反而会强化孩子坐进餐椅就哭闹的行为。

该怎么办呢？首先需要排除分离焦虑、孩子不舒服、出牙等情况。如果是这些情况，通常孩子需要多一点儿时间来度过。

然后需要改善进食步骤。比如把孩子放进餐椅之前，先把食物做成有吸引力的图案，也可以先抱着孩子尝一口食物，让孩子尝到食物的味道以后再放到餐椅里。吃饭时间可以提前到宝宝距离上次喝奶有一段时间，有饥饿感但是还没有特别饿的时候，孩子对喝母乳没有那么迫切的要求，也不会特别烦躁。这个时候用有吸引力的图案和尝一口味道的方式，孩子更容易接受。可以一开始多尝试手指食物，不需要大人喂，孩子可以自己抓着玩，或者抓着吃，妈妈也可以和孩子一起吃这些手指食物。如果家中有人帮忙，也可以让他人在孩子没有特别饿的时候尝试以上步骤，以免孩子看到妈妈就想到要喝奶。

11. 孩子学一些不良习惯怎么办

问 “我女儿1岁2个月，早教班里有个快3岁的女孩子，在音乐课上不停地尖叫、跑动、打人、抢玩具。孩子在课上玩得挺开心，但是回家就开始不停尖叫，感觉她在学习‘坏榜样’，我告诉她这样不好也没用。请问是调换班级，还是让孩子继续在这个班里？我应该如何处理？”

答 一般情况下，早教课是老师主导的活动安排，而通常才1岁多的孩子和近3岁的孩子在早教课中应该是在不同区域，早教内容也应该根据年龄的不同而有所不同。从这个角度来说，让孩子调换班级是可以的。

但是需要注意的是：如果只是担心孩子所在集体中其他孩子的某些行为，并不一定要考虑换班级。无论换到哪个学校、哪个班级，在这个年龄段总会有这样那样的行为需要去调整，一味想要避开，其实并不能从根本上解决问题，因为父母不能为孩子提供想象中的完美环境。而且很多时候，孩子自己也会出现一些不恰当的行为。

如果避不开，那关键的问题就是孩子某个行为出现后，大人的反应模式是怎样的。比如，那个孩子在早教班尖叫打人后，老师的反应是怎样的？孩子学习模仿以后在家里尖叫，父母的反应是怎样的？

在上述情形下，老师应该是那个找到原因并帮助小女孩调整的人。比如，老师如果发现原因是上音乐课的时候小女孩太过兴奋无法自抑，那么老师可以考虑引导小女孩用更合适的方式来表达兴奋，或者在她兴奋过度之前引导她做一些安静的游戏。老师还需要对尖叫的行为本身不过度关注，不用强化物强化，制止小朋友因为小女孩的尖叫而哄笑，这样其他孩子就不会目睹那个小姑娘因为尖叫而得到好处，或者觉得好玩。必要时老师需要和小女孩的父母沟通，孩子是不是有什么特殊的情况需要进一步考虑。

如果孩子在家里也模仿尖叫，父母同样不要强化，不要过度反应。父母可以对尖叫行为简单坚定地说不，然后就不予回应。尖叫行为总是得不到回应，父母也用语言表达过对这种行为的不喜欢，这种行为自然就会慢慢减少。在此之外，更多地去言传身教，引导正确的表达方式，并强化正确的表达方式，尖叫行为自然就不会持久。

12. 孩子玩玩具时要有背景音乐怎么办

问 “我的孩子 1 岁 1 个月，有时候自己在围栏边玩会把能发声的玩具都打开声音，然后丢在一边去玩别的玩具，这样会不会是害怕孤独的表现？他自己玩的时候完全不理我，也不太会配合我。医生说不能光玩，要教他认知，但是我教他，他也不理我，这种情况该怎么办？”

答 第一个问题，我不是孩子本人，无法判断他这么做是单纯喜欢一边玩一边有背景音乐，还是害怕孤独。但是通常情况下，这个年龄段的孩子如果是害怕，无论是害怕孤独，还是害怕安静，都会第一时间寻找依恋对象。除非依恋对象长期给予他的信息是“不可依靠”，孩子出现习得性无助，或者学会了不依赖大人，只依赖自己来安抚自己。

我更愿意相信，这个宝宝更喜欢多感官的信息输入。如果他坚持这么做，且自得其乐，家长倒是不必对此担心焦虑。

第二个问题，孩子玩的时候完全不理你，就涉及很多信息要了解了，这也是为什么心理行为问题有时候需要进行一对一深入咨询。

孩子是不是对所有的游戏都是如此，还是只是个别游戏这样？家长在孩子玩的时候是怎么去吸引他的注意的？如果只是个别游戏如此，时间也不是特别长，我不会特别担心，家长改变陪玩的策略即可。

亲子游戏应该结合孩子的能力水平和兴趣点。比如才 1 岁 1 个月的孩子，语言的理解和表达能力都很有限，这个时候如果教孩子颜色数字之类，孩子自然很难理解。如果再用枯燥的死记硬背的方法，孩子就更加不感兴趣，自然不会配合。这个年龄段的孩子需要在游戏中探索和学习，父母可以和孩子一起探索不同的玩具，设计这个年龄段的孩子喜欢的游戏活动。游戏中父母应该跟随孩子的兴趣爱好来灵活调整，不能等着孩子来配合自己。

最后，如果不管父母如何调整孩子总是不理会，那就需要察看孩子对人的反应总体如何，有没有社交性微笑和互动，互动的质量如何，眼神对视有没有问题……如果这些反应都不理想，这个年龄段的孩子就需要找专业医生面诊评估，排除孤独症的可能性。

13. 孩子喜欢把东西扔别人脸上怎么办

问 “我的女儿现在1岁2个月，很喜欢扔东西，特别是喜欢把东西朝着人砸过去。比如她想家人给她讲绘本，便会大力地把绘本朝着家人的脸上扔，很多时候会把家人砸疼。一直跟她讲道理，但她听不懂。我该怎么引导她不要这样做呢？”

答 首先应该考虑的是：孩子为什么会这么做？

对于这个年龄段的孩子来说，喜欢拍打玩具、把东西丢到地上“听响儿”、把盒子里的物体“哗哗哗”倒下来等行为都很普遍，因为孩子觉得有趣，这也是探索的一种方式。但是，如果孩子总是喜欢把东西朝人脸上扔，父母就需要注意了：孩子这样的行为，是因为什么因素被强化了吗？是因为扔了之后，大人的激烈反应，还是获得了更多的关注和互动？

这个年龄段的孩子，如果妈妈用很复杂和抽象的语言和她讲道理，她通常很难理解。而如果妈妈平时和孩子互动不够，这种讲道理的过程反而可能会被孩子理解为：扔，妈妈和我说话；不扔，妈妈不理我让我自己玩。

他们这个时候更多是从大人的语言、表情、语气等反馈中判断一件事情要不要做。所以，我的建议如下：

如果孩子只是偶尔为之，大人可以露出疼痛的表情，并用简单的语言说：“书砸到妈妈了，好疼！”通常情况下，孩子注意到妈妈痛苦的表情和声音就不会继续扔，有的甚至还会走过来摸摸妈妈、亲亲妈妈。

如果妈妈用了上述方法，孩子不但不觉得不好，反而觉得有趣，那么妈妈要做的就是让孩子觉得扔东西没趣。对于这么小的孩子来说，绝大多数情况下，讲道理是不太现实的。妈妈可以给孩子一个稍稍皱眉的不开心的表情，然后用简单的语言说：“这不好玩。”接下来，先不要给孩子读她扔过来的书，而是指引孩子把书捡起来放到妈妈手上，强化她“放到妈妈手上”的行为，然后再读。

当然，最好是在事情发生前做到预防。比如在孩子扔之前，用语言引导孩子：“宝宝要看书吗？来，放到妈妈的手上。”

14. 孩子不愿意穿不喜欢的衣服怎么办

问 “我的儿子 3 岁 3 个月，上小班了。最让人头疼的是早上穿衣服，他特别纠结衣服裤子怎么穿、穿什么，不喜欢的衣服裤子就是不愿意穿，对这些事情反应很强烈，怎么说都不听。我该怎么处理？”

答 这个问题应该是很多家长都会遇到的，我也遇到过。以下建议供有类似问题的朋友一起参考：

（1）把不合季节的衣服鞋子收起来，这点非常重要。有家长抱怨孩子冬天只愿意穿漂亮凉鞋，或者夏天要穿米老鼠毛衣（我家小包子曾经在夏天翻出羽绒服，坚决要穿）。孩子冬天穿凉鞋、夏天穿羽绒服，其实是大人的准备工作没有做好。

如果情况已经发生了，也不用和孩子拗，让他体会一下就好。冬天体会一下就知道穿凉鞋脚会冷，夏天体会一下就知道穿羽绒服多热，这样他们自然而然就会调整，不会像一开始父母制止时那样强烈反抗。当初小包子夏天穿羽绒服出门，没玩几分钟就满头大汗地脱了，然后也知道了热的概念，也明白了冬天的衣服和夏天的衣服的不同。

（2）如果剩下的都是孩子无论选哪件都可以穿的衣服了，就把选择权交给孩子。有自主意识并坚持自己的选择并不是坏事，而是孩子自我意识发展的表现。

我建议父母在晚上睡觉前先和孩子挑选好第二天要穿的衣服，放在他床边。否则早上时间有限，如果孩子对着衣橱挑三拣四，很多父母会忍不住生气，穿衣服出门会变得非常痛苦。如果孩子的衣服特别多，最好拿两三套出来让他选，因为如果选择太多，孩子很难快速做出选择，甚至有的孩子还会因为选择太多而烦躁发脾气。

（3）孩子大了，开始有自己的喜好了（无论是衣服颜色、款式还是衣服上的图案），我觉得大人应该尊重孩子的这些喜好。所以，不建议看到自己喜欢的衣服就给孩子提前囤货，否则很容易出现你喜欢的囤了，孩子不爱穿的情况。如果这个时候父母不想衣服被浪费而去强迫孩子，穿衣就可能演变成小型战争。而一般孩子在前一个阶段的喜好都不足以作为推测他后一个阶段的喜好的依据。

第六章

了解语言和认知规律，轻松打下学习基础

孩子各个方面的发展都不是孤立的，而是彼此相关并互相影响着的。语言的发展离不开认知能力，也离不开注意力的发展；而认知和语言的发展与情感社交的发展又相辅相成。

所以，如果撇开其他因素，只强调和追求某一个因素是不太现实的，而这恰恰是很多父母忽略的。比如有的父母抛开孩子的年龄和神经系统发展水平，担心 1 岁的孩子是不是多动症；有的父母不了解孩子神经系统和认知水平的发展特点，认为不到 2 岁的孩子就应该很好地抑制和调整自己的情绪……

这部分选择的问题侧重于语言认知发展、注意力等方面，希望给大家一些参考。

1. 和宝宝说“婴儿语”会影响孩子的语言发育吗

问 “我看一些文章说和宝宝说话不要用‘婴儿语’，不然会影响孩子的语言发育，请问这是真的吗？”

答 相信很多人都曾经听过这样的建议：不要和孩子说“婴儿语”，要用正常交流的语句内容和说话方式与孩子进行交流，否则会影响孩子的语言发育。这确实是早年的儿童语言发展建议，但是这个建议其实并没有研究依据。

最近的研究发现，父母语言，或者称为“妈妈语”或“婴儿语”，在婴儿期使用其实更有利于孩子的语言发展。为什么呢？

“妈妈语”的特点是速度更慢、断句更短、语气更夸张、语调更跌宕起伏，这些哪怕是不成词语的交谈式发音，都更能吸引孩子的注意，让孩子对发声和互动更感兴趣。而且，对于孩子来说，“妈妈语”拉慢的速度，可以让孩子更清晰地辨别不同的音节，加速孩子对语言的理解。

其实面对小宝宝的时候，很多人都会自然而然地改变语调，词语选择，以及句子长短，这种情况在全世界的父母中都存在。所以，这种“妈妈语”无须刻意练习，更不用在婴儿期刻意避免。

当然，随着孩子年龄增长，认知和语言理解能力增强，父母的语言沟通方式也应该随之发生变化，父母使用这种“妈妈语”的频率也会随之降低。很多时候，这也是自然而然就发生的。

比如 2017 年美国的一项研究发现， 12 个月到 33 个月之间的孩子，父母使用“妈妈语”的频率会下降 78% 左右。如果孩子已经具备了一定的语言理解、语言表达以及语言模仿能力，父母还是停留在使用“妈妈语”的阶段，自然也是不合适的。

此外，有些父母认为和孩子说话的时候句子要简短，就把一个句子缩减掉连接词，只保留主要词汇。比如，“妈妈的勺子”只说成“妈妈勺子”，“你的玩具在哪里”只说成“玩具哪里”。

这种语言被称为“电报式语言”。研究发现，这种语言其实削减了背景信息和线索信息，反而不利于孩子的理解和语言发展。比如，“妈妈吃”，如果扩充一下，可以是“妈妈想吃”“妈妈爱吃”“妈妈吃过了”“妈妈正要吃”……

所以，父母可以在合适的时候使用“妈妈语”，可以说话简短、缓慢、语调跌宕起伏，但是不建议使用“电报式语言”。

2. 在双语环境下如何提高孩子的语言能力

问 “我的女儿 1 岁 3 个月，家中只有我说普通话，爷爷奶奶在我休完产假上班后照顾小孩，说英文。我感觉孩子的词汇量明显比同龄小朋友少，语言发展迟缓，现在只能说‘妈妈’‘爸爸’‘再见’等简单的词语。她听得懂指令，提问指物也正确。请问双语环境会导致小孩语言发展迟缓吗？”

答 这个问题分两个部分来看：

一方面，1 岁 3 个月的孩子，有一些简单的词语表达，能听懂指令、能指物，语言的理解和表达水平目前看来处于正常范围。即使没有进行具体的语言评估，也可以大致判断孩子并没有明显的语言发展迟缓。

语言发展和运动发展一样，存在个体差异。就像有的孩子 9 个月就会走路，而有的孩子 14 个月才走路，这些都属于正常范围。这些个体差异，即使在单一语言环境中，也是存在的。

另一方面，大量的研究证实，双语环境不会导致孩子的语言发育迟缓。在初期，因为双语孩子和单语孩子的词汇总量接近，所以如果以单一语言来衡量，可能会发现孩子的词汇量偏少，但是如果两种语言的词汇量一起算，其实总量并不少。

具体解释就是：只说中文的孩子可能会说 20 个词语，而说双语的孩子可能中文会 10 个，英文会 10 个，相比较来说中文似乎少了，但是总量并不少。而且，研究发现，在双语环境中长大的孩子，后期的总体词汇量增加其实会更快，也有利于某些脑区的发展。所以，这样的双语养育模式其实是有好处的，不需要担心。

3. 孩子迟迟不说话该怎么办

问 “听到同龄的孩子咿呀学语，自己的孩子却还是‘闷油瓶’，真让人焦虑和担心。怎样才能让‘闷油瓶’变成‘小话痨’？”

答 关于孩子说话晚的问题，有的父母非常焦虑，甚至过度焦虑，有的父母则觉得并不需要担心，他们说："反正迟早都是要说话的，不用担心，早说话并不会使智商更高。"我觉得有必要就这个话题谈一下。

首先，孩子说话晚是不是真的晚，还是只是父母拿孩子和其他小朋友横向比较以后自己这么觉得？如果真的担心，那么需要找专业人士进行语言以及发展的评估。

如果孩子语言水平在正常范围内，只是词汇量相对少一点儿，或者因为性格原因不太愿意多说话，建议父母不用过度焦虑。而且一个孩子的气质特点和性格特征并不是说变就能变的，一个更喜欢思考而不喜欢口头表达的孩子，父母很难用什么方法一下子让他变成一个"小话痨"。

在这种情况下，与其希望孩子的性格发生巨大的变化，不如想一想：是不是父母对孩子的期待脱离了他本来的气质性格特征？是不是父母应该在接受和理解孩子特点的基础上，去养育和引导孩子？

如果孩子真的语言发育落后，那是要引起重视的。因为语言发育落后比较严重，有的时候是一些其他问题的伴随问题，也可能是家庭养育方式或者语言环境不佳。如果是后者，父母及时调整，孩子的语言发育通常很快就能得到改善和提高，但如果是前者，不引起重视则容易耽误孩子的早期诊断和早期治疗。

说到这个不得不提一下，曾经看到一个很知名的公众号发了一篇文章，说孩子 3 岁才说话也没有问题，而且患孤独症的孩子完全不理人，一眼就可以看出来。这里其实很容易误导读者，因为"完全不理人，一眼就可以看出来"的，往往是患重度孤独症的孩子，用这种思维和角度进行判断，往往容易忽略患轻中度孤独症的孩子。

养育方式和语言环境对孩子语言发展的影响，通常发生在养育者和孩子语言互动很少，或者因过度关注而不给孩子语言表达机会的家庭。前者，孩子的语言输入不够，自然影响到语言的输出；后者，孩子无需任何言语，稍稍一个眼神、一个动作，所有想要的东西都被大人捧到眼前，自然也就少了很多使用和练习语言的机会。所以如果排除了病理因素，那调整养育方式及丰富语言环境就非常重要了。

其次，孩子的身体、认知及情感等各方面的发展是相互关联、相互影响的。有研究发现，孩子在 2 岁时的表达性语言与 4 岁时的接受性语言及 6 岁时的情绪行为问题呈正相关关系。

这个很好理解。经历过孩子 1.5~2 岁年龄段的父母都知道，这个阶段是孩子哭闹的高峰期之一。除了孩子自我意识萌芽、探索性增加、要求增多外，很大一个原因是沟通不良。

很多孩子还不会用语言来表达需求和感受，对父母的解释也似懂非懂，父母也经常猜错孩子到底要什么。同理，语言的发展所对应的社交顺畅性、分享度，对孩子的情绪、行为有一定程度的影响，也就不难理解了。

我从不敢在没有了解背景信息和具体情况的时候，非常肯定地告诉家长孩子有没有问题。找我咨询过的家长也知道，我通常在给出针对性建议之前，要问很多背景信息。同样，我也想请大家在给别人建议的时候更慎重一些，不要说“孩子说话晚没有关系，贵人才迟语”，也不要肯定地告诉别人“你的孩子不是孤独症，孤独症的孩子都是完全不理人的”，或者“只要看到陌生人害怕就肯定不是孤独症”。

如果父母发现孩子在某些方面有一些令人担心的地方，不要盲从网络上的答案，不要完全相信非专业人士的绝对化论断。请找专业人士咨询或者面诊。

4. 孩子口吃怎么办

问 “我的孩子1岁半，本来已经可以清楚完整地说一句话，唱完一首儿歌，但是最近说话突然变结巴了，有时候结巴，有时候没有。我们身边也没有结巴的人。我该怎么办？需要干预吗？”

答 很多孩子在幼儿期或者学龄前期会出现口吃的现象，在不知道原因时，判断是否需要引起重视要看具体情况。比如：

第一，父母双方有没有口吃的家族史？

第二，口吃的字词是完整的，还是破碎音节的？比如，说“我”字是说“wo……wo……wo”，还是“w……w……w……wo”？

第三，口吃字词出现的位置，是首字重复，还是在句子转换或者新词语出现的地方，还是非常随机和频繁的？

第四，口吃的时候，嘴部和脸部肌肉是否紧张痉挛？

第五，孩子自己是否意识到自己说话的问题？口吃的时候孩子自己对于口吃的感知和情绪如何，紧张、着急、害怕，还是觉得好玩？

第六，大人在孩子出现口吃的时候会说些什么、做些什么？

第七，口吃字数在一句话中占多大比例？

如果孩子口吃只是偶尔出现，是完整音节的重复，出现位置是句子开头或者句中意思转换，或者是在想新的词语的时候，没有家族史，孩子自己不觉得紧张，也不害怕说话，口周肌肉没有紧张痉挛，通常不需要特别担心。但是，如果有家族史，破碎式音节、随机频繁出现，肌肉紧张，孩子自己也非常焦虑等情况，都是需要格外注意的，这些情况需要找专业的语言评估和治疗师。

幼儿阶段，大量新词语和新认知都在建立中，孩子需要更多的练习才能把词语和具体内容对应起来，也需要练习词语的安排和句子的结构，但是有时候他们的语言表达和思维还无法同步，所以很多孩子在这个阶段都会出现暂时性口吃的情况，尤其是他们紧张或者特别兴奋的时候。这种情况通常会随着年龄增长以及语言运用能力的增强而减少和消失，不需要特别担心。

应对这种情况，一般建议从养育方式着手：

（1）首先需要强调的一点的是：父母越着急、越焦虑，孩子的口吃可能会越严重，所以父母一定不要批评惩罚孩子。有些父母虽然没有直接责骂和惩罚，但是会很严肃地要求孩子“好好说话”或者“你再说一遍”，这些对于孩子来讲，通常会传达出父母压抑的愤怒和烦躁。

（2）不刻意关注孩子说话的形式，更多关注孩子说的内容，鼓励孩子多表达，让孩子更自信地和大人进行语言沟通。大人越是盯着看，越是焦虑，孩子很可能就越紧张，可能会恶性循环。这个阶段只是暂时性的，随着孩子思维的发展及语言运用能力的增强，要不了多长时间就会过去。

（3）记录孩子口吃的次数和场景（什么地方、和谁一起等），能帮助父母了解孩子口吃的趋势和特点。比如，如果和某个人在一起时口吃发生更频繁，就需要考虑是不是这个人让孩子说话的时候感到更紧张或者更兴奋。

如果孩子一边口吃，一边觉得好玩发笑，建议家长不要给予强化，平静地说“这个不好玩”，然后把专注点放在游戏上，不放在孩子说话的表现上。建议家人和孩子说话时尽量轻松，语速放缓，咬字清晰。

此外，如果孩子的口吃持续时间超过6个月，或者持续加重，建议引起重视，带孩子去做专业的语言评估。如果孩子说话时口周肌肉紧张痉挛，建议立即就医。

5. 孩子遇到不会的作业就不做了怎么办

问 “孩子快6岁了，学前班。做作业时只要让他修改或者遇到他不会的，他就会说他不想做了，把笔一扔就想去玩。如果我当时同意让他不做了，他就会一直玩下去，可是硬拉着他做又觉得是不尊重他的行为。请问这个度应该怎么掌握呢？”

答 这个问题看起来是写作业的问题，其实也不完全是。只要让孩子修改或者他遇到不会的就停止做——从这样的描述中可以看出来，孩子不喜欢遇到困难，或者遇到否定。

这倒不一定就是异常的情况，毕竟每个人都喜欢肯定，学龄前的孩子在自我评价上又比较敏感，这个时候他们回避错误或者困难，也确实不少见。但是，我还是建议父母回头反思一下：在陪孩子写作业的时候，在纠正孩子的时候，在看到孩子有问题的时候，是不是在语气和措辞上有需要调整的地方？

陪娃做作业的时候，很容易出现的一个误区是：当孩子对着一个父母看起来超级简单的问题挠头咬笔的时候，父母很容易着急，觉得这么简单怎么都不会，然后用自以为很容易懂的方式和孩子解释。如果发现孩子还是领会不了，很多父母就更加着急，甚至跳脚。

如果父母还没有意识到自己在用成人的知识来碾压孩子，这种模式可能会愈演愈烈。作为孩子，自然就会在遇到不会做的题目，或者在父母提出做错了的时候，希望赶紧想办法“逃命”。

如果有这种情况，与其考虑是不是拉孩子回来做，不如先改变一下自己的心态和方式。而大人对孩子做错和不会的题目，如果不着急、不焦虑，抱着和孩子一起想办法攻克的心态，也会让孩子学会在遇到困难和错误时不害怕。

此外，“学龄前”其实是从幼儿园过渡到小学的阶段，这个时候兴趣的维持、习惯的养成，比学到多少文化知识更为重要。在改变父母陪伴和引导模式的基础上，父母和孩子一起根据作业多少决定是否划分不同模块，在不同模块之间穿插休息游戏时间，会更符合这个年龄段的孩子的注意力特点和心理特点。

6. 小宝宝总是不停换玩具，是不是多动症

问 “1 岁多的孩子玩玩具，玩一下就要换一个，每个玩的时间都不长，一会儿扔球，一会儿摸书，是不是多动症？”

答 谈婴幼儿注意力首先需要了解两个概念：习惯化和反应恢复。

当孩子看到一张猴子的照片时，一开始他会好奇。但是看了一会儿（不同年龄段所需要的时间不同），他就不觉得新奇了，也不再高度集中注意力、目不转睛了。这个过程称为“习惯化”。

这个过程其实每个人都会有，包括大人。但是大人因为生活或者工作的需要，即使习惯化了，还是会努力集中自己的注意力，也就是有意注意。但是孩子小的时候，有意注意的能力不足，所以他们会在习惯化后注意力集中程度降低，或者直接转移。

还是这个孩子，他的面前除了刚才那张猴子的照片，突然又出现了一张老虎的照片。这个时候孩子会突然眼睛一亮，注意力又高度集中了，兴奋性唤起又增加了，他的注意力和唤起又恢复到了较高水平，只不过对象不再是猴子照片，而是老虎的了。或者经过一段时间之后，再次把猴子的照片拿给孩子看，他的注意力也会重新达到较高的水平，这

个过程称为“反应恢复”。

在习惯化和反应恢复的作用下，婴幼儿会非常频繁地把注意力转移到新的事物上，这个过程对于孩子来说，就是不断发现新事物、不断接受新信息的过程。婴幼儿对这个世界几乎一无所知，随着他们年龄的增长和运动能力的进步，他们探索的范围越来越大，需要了解接触的信息也越来越多，他们需要在生命头三年里尽快接触和熟悉大量的内容。所以这个过程非常重要。

可以想象一下：如果孩子没有因为习惯化的原因不断寻求和关注新信息的特点，而是很小就花费大量的时间集中在一个信息点上，结果会怎样？所以，这种情况是正常而且很有必要的，并不是孩子的注意力有问题或者孩子有多动症。另外，根据美国儿科学会的推荐标准，诊断多动症建议的最早年龄是 4 岁。

在育儿中父母应该怎么应用婴幼儿的这种特点？

还记得前文提到的“妈妈语”吗？有人认为大人和孩子说话应该用正常的语气、语速和语调，研究结果则发现在孩子小的时候，对孩子使用语调夸张、抑扬顿挫、语速减慢的“妈妈语”是可以促进他们的语言兴趣和语言发展的。

配合今天的内容是不是觉得更好理解了？父母夸张的语调语速其实从某种程度上可以加快孩子“习惯化—去习惯化”的频率，他们的注意力和反应唤起会更强，相应也会持续更久。

其实父母在陪伴孩子游戏的过程中，也一样可以利用孩子的这些特点来进行适当陪伴。

比如，如果孩子自己看绘本，他可能很快就翻完了。但是如果父母了解了孩子早期注意力的特点，就可以适时地给孩子指出图片的特点，或者和孩子一起找某个东西（比如有些书设计得特别有趣，在每一页的不同地方都藏着一条小蚯蚓），或者模仿书中动物的声音、动作等，还可以和孩子玩角色扮演……这些丰富的形式，可以让孩子更多地将注意力集中在书的内容上，也让亲子互动更有趣。

7. 为什么同龄的孩子注意力相差很大

问 “我家的孩子和我闺蜜的孩子出生日期只差了 3 天，都是男孩，但是他们在注意力上的表现差别很大。同一个玩具，我闺蜜的孩子可以玩很久，我家孩子玩几下就丢到一边了。有时我和闺蜜带孩子聚会，给两个孩子读绘本，闺蜜的孩子可以坐在那里认真听，我的孩子却听不了一会儿就走开了。请问为什么年龄几乎一样的孩子，注意力差别这么大呢？”

答 父母难免会明里暗里将自己的孩子和其他孩子相比较，但是这样做容易引起很多养育焦虑。我更建议大家将孩子的发展情况和同龄孩子的正常区间来做对比就好。比如有的孩子 9 个月 15 天就能独自行走，有的孩子 13 个月才可以独自行走，如果父母明白这两种情况都属于正常范围，13 个月独自行走的孩子的父母就可以减少很多焦虑。

回到这个问题上来，我并不知道孩子的确切年龄，但还是可以谈一下为什么不同的孩子在注意力的表现上差别很大。通常有以下几个方面的原因：

（1）先天气质的影响。两个年龄一样的孩子，他们出生时的气质特征通常不会是一模一样的。气质被划分为不同的维度，其中有一个就是注意力的广度和坚持性。

不要说不同家庭的孩子，就是同一个家庭的两个孩子也可能有很大差别。比如，我家大宝和二宝在这个维度上的表现就非常不同，哥哥从小就是一个很活跃、注意力跳跃很快的孩子，妹妹则相反，她很小就可以一个人专注地玩很久。

另外，气质特征里还有一个特点也很容易影响孩子的注意力，就是敏感度。有的孩子敏感度高，他们在一个环境里会被很多细节吸引，也很容易因为一些大人觉得习以为常的事物而焦虑。这种情况下，他们也很容易出现注意力转移的现象。

（2）兴趣的不同。同一个玩具，同一本书，有的孩子喜欢，有的孩子不喜欢。喜欢的孩子注意力持续时间就会更长，不喜欢的孩子自然容易走神，这很好理解。我经常开玩笑："如果把我放在编程课堂里，我绝对是注意力最不集中的那个。"

（3）游戏或者学习任务的难度。对此，请结合前面说的"最近发展区"的概念进行理解。一个任务如果已经完全被孩子掌握，不费力气就能完成，这个时候他们通常就不会一直维持自己的注意力。同样，如果一个任务特别难，难到孩子踮着脚都够不到，他们就容易放弃，也很难集中注意力。

这里夹杂一下幼升小的内容，可以想象一下：如果一个孩子在幼儿园时就完全掌握了小学三年级的内容，父母可以期望他在课堂上集中注意力吗？老师的表扬和肯定有可能给孩子动力，但是如果只靠老师的表扬，课程的内容已经不再有吸引力，他们的内在驱动从哪里来呢？

同样，如果孩子在上小学之前，连数字都没有接触过，一年级的讲课速度快，孩子也不太可能得到老师特别多的一对一辅导，孩子就可能出现踮着脚尖都够不到的情况，自然也会影响注意力。

（4）养育模式和家庭环境。有的孩子很少有机会安静地玩自己喜欢的东西，总是被频繁打断；有的孩子父母本身就思维跳跃、兴奋性高，带孩子玩的时候也很难在安静的游戏上集中注意力。这些都可能造成孩子和孩子之间的不同。

另外，有研究发现，如果家庭环境总是杂乱吵闹，孩子的注意力也会受到影响。经常被打骂惩罚的孩子，他们也很难安心地专注在一件事情上。父母及家庭成员的冲突造成的焦虑，也会影响孩子的注意力。

有的时候父母埋怨孩子的注意力不好，却没有想到问题恰恰出在自己身上。

（5）神经认知功能的发展水平不同。执行功能里的其他几大组成部分都和注意力密切相关，包括冲动抑制能力、工作记忆能力、计划能力等。

总体来说，每个孩子的大脑额叶成熟都比较晚，但这里还是有个体差异的。毕竟每个孩子的发展节奏并不都是一致的，每个阶段的发展重点也各有差异。比如，有些孩子在一段时间里更专注于图片和文字，有的孩子则更专注于空间想象。

家长需要知道，注意力是可以练习的。很多研究证明，经过锻炼后，孩子在注意力的持续性、转移，注意力的分配、广度方面，都是能够显著提高的。但这是个日积月累的过程，毕竟神经系统的发展是逐步推进。

所以如果某些培训班告诉你们“10 天就可以搞定孩子的注意力”，大家大可以捂好钱包，一笑而过。

除了这些因素，睡眠有问题，铅超标，孤独症、特殊性学习困难，等等，同样会影响孩子的注意力表现。只是一味地和其他孩子比较，实在没有太大意义。

8. 孩子坐不住、注意力不集中，是不是多动症

问 “孩子上课注意力不集中，坐不住，请问是多动症吗？”

答 答案不是肯定的，并不是所有的注意力不集中、坐不住、动作多都是多动症。

儿童多动症有三个类型：注意力缺陷为主型、多动为主型、混合型。

注意力缺陷为主型的表现主要是注意力不集中，孩子不一定会有行为上的多动。也就是说，孩子坐在那里，没有明显的坐立不安，但是他的注意力非常分散，难以长时间集中在主要任务上。通俗来说，就如同家长所描述的“窗外有一点儿风吹草动，马上就要转过头去看”，或者“开小差都开到莫斯科去了”。

多动为主型则主要表现为动作上的坐立不安、小动作不断，这是很多孩子被老师批评，以及父母带孩子去评估的主要原因。用父母形容自

己孩子的话来说，就是“好像装了发动机一样，一刻都停不下来”，或者“好像椅子上有钉子，完全坐不住，没有一刻是安静的”。

混合型，顾名思义，两种表现都有。事实上，相比于多动为主型和混合型，注意力缺陷为主型有时候不是那么容易被发现的。家长和老师反映孩子“很乖”“课堂纪律好”，但是在智力正常的情况下，经常一问三不知，学习成绩比较差。一般情况下，被诊断为“注意力缺陷/多动障碍”的孩子更多会是注意力缺陷为主型。

与多动症诊断比例逐年上升相对应的是，近些年关于多动症被“过度诊断”的呼声也从未减退。严格来说，确实也有很多因素导致了家长的过度担心和某些医生的误诊，甚至过度诊断。

之所以有误诊和过度诊断，除了有文化因素、教育因素以及经济利益因素外，更多是因为儿童多动症是基于症状学的诊断，也就是说主要根据孩子的行为表现和家长老师的量表反馈来进行诊断。能影响孩子行为表现的因素太多，而家长老师的量表反馈可能有一些主观判断。如果家长和老师对孩子的要求高，焦虑于其行为表现，就倾向于在填写评估量表时将问题严重化。

虽然也有各种注意力的检测方法，比如电脑屏幕字母捕捉、电脑屏幕物体追视等，但这些检测方法是间接的，不同于躯体疾病的临床检测（影像检查、体液检查等），而且儿童检查时的精神状态对检测结果影响较大，所以也只能作为一个参考。

首先要判断的就是孩子的年龄和发展阶段。大家都知道，从孩子开始会爬、会走、会跑之后（尤其是1~2岁），随着向外探索范围的拓展、认知的高速发展，他们的好奇心也会空前增强。只要在清醒状态，他们似乎一直处于爬高爬低、翻箱倒柜的状态中。

父母都害怕孩子输在起跑线上，在幼儿园就教授孩子小学的内容，而无视孩子认知发展的特点，这也导致许许多多本应活蹦乱跳的孩子因为无法“老老实实”坐着而被怀疑是多动症。

还有其他一些影响孩子注意力和安稳性的因素，我在上个问题中已经做过讨论，这里就不再复述。

综上所述，虽然多动症发病率有上升趋势，但孩子好动不一定就是多动症，可能导致儿童出现类似多动症表现的因素有很多，所以父母不能仅凭主观或者片面的信息就轻易给孩子“扣帽子”。同时，也要意识到早期诊断和正确干预的重要性，如果担心 4 岁及以上的孩子有多动症，最好尽快找儿童心理专科医生进行详细评估。

9. 孩子总想争第一怎么办

问 “儿子 4 岁半，最近半年开始有赢和输的意识，总是要得第一名。吃饭要第一个坐到桌子附近，要第一个吃完，洗手要第一个洗完，家人比他早吃完，他就哇哇大哭，说自己‘输了’。我们并没有给孩子很大压力，孩子为什么会这样？”

答 孩子看起来特别要强，喜欢争第一，比如吃饭要第一个吃完，出门穿鞋要第一个穿好……这些情况在学龄前儿童中是非常常见的。

为什么会如此呢？这个年龄段是孩子自我意识和自我评价发展的阶段，他们会更多体会“嫉妒、羞愧、内疚”等比“开心、伤心、生气”等基本情绪更高级的情绪。他们喜欢体验自己比别人厉害时的喜悦和骄傲，也不喜欢自己“输了”时的沮丧和羞愧。从发展的角度来看，这并不一定是坏事。

当然，这个时候家长的引导和正确操作就显得尤为重要了：

有些家长会在养育过程中侧重夸赞孩子行为的结果或者夸赞孩子自身的特质，比如：“做得这么棒，很聪明！”“我们家宝宝是世界上最聪明的！”“妈妈就喜欢这么棒的孩子。”……

情不自禁地为孩子的表现感到开心，父母流露自己自然的情感并为孩子鼓掌，这非常正常，也并不需要极力避免。但是，父母仍然可以有意识地提醒自己，肯定和强调孩子行为的过程，比如：“做得好棒！妈妈看到你刚才观察得特别仔细，遇到困难时也一直在坚持尝试。”“哇，你穿好啦！来，咱们看看鞋带系紧了没有，鞋带系紧了我们待会儿跑的时候才不会摔跤。”……

有的妈妈会因为担心孩子拖拉，总是和孩子比赛，比如吃饭时比谁吃得快，穿衣服时比谁先穿好，睡觉时比谁先睡着……不是说比赛不可以，正如有的游戏里会有比赛的环节，但是如果在日常生活中广泛采用比赛的方式，往往会让孩子模糊了这些日常活动的目的和焦点。

所以，不要总是和孩子比谁快。如果孩子自己提出比赛，家长还可以告诉孩子：吃饭是填饱肚子、促进健康以及享受美食的过程，不是比赛；穿鞋子是为了走路更舒服，系好鞋带可以减少摔跤的可能性……

也不要总是拿别的孩子做参照，也不要用比较的方式夸孩子。有的家长总是会拿自己的孩子和别人比较，于是会对孩子说："你看某某某，他都做到了，你不加油就会被他甩到后面去啦！""妹妹吃饭都比你快呀，你还是哥哥呢，怎么搞的？"此外，有的家长使用的不是打击式比较，而是夸奖式的："我看别的小朋友都没有你快。""我们家宝贝比别人聪明！"……

这些都是不可取的。我想很多家长自己儿时最讨厌的恐怕都是"别人家的孩子"吧？不是说外在驱动没有用，但是如果只注重孩子和别的孩子的比较，忽略让孩子在体验中产生内在驱动，时间长了，很容易出现问题：孩子要么自卑，要么自傲，而无论哪一种，都容易导致焦虑。

10. 孩子总变主意怎么办

问 "我儿子现在3岁6个月，最近经常翻来覆去改变主意。比如今天要陪我去接他爸爸，刚到楼下突然又要回家，刚进单元门又要去，还没出单元门又要回家，把他送回家了又想去……诸如此类的事情很多，告诉他决定了就不能改也记不住，不让改就会哭闹。这种情况我该如何引导呢？"

答 儿童不断改变看法和决定的情况其实非常常见，我自己也曾经遇到过。比如去超市买酸奶，孩子选好了一种，结果付款以后要出门了她又突然要另外一种；或者有时候早餐问她要吃饼还是包子，她说要吃饼，结果等开始吃的时候她却又要吃包子……

为什么孩子会这样呢？一方面，选择对于儿童来说是需要学习的，因为做选择的过程涉及比较和衡量。大人在做选择的时候会综合各方面，但是孩子不会，他们通常是当下想到某个点，就做了一个选择，但是一会儿想到另一个点，他们就会推翻原来的选择。

另一方面，有些孩子不断改变决定的行为是在不断试探父母的过程中被强化了。孩子说了一个决定，父母执行了；孩子改变了主意，父母又妥协了……孩子在让父母改变方向听从自己的选择的过程中，感受到了自己的独立性和控制力。而有些孩子则是觉得父母因为自己来回奔跑很有趣。

具体怎么应对呢？给孩子选择项，但是一次不要太多，然后告诉孩子选择了以后，除非有非常重要的原因（比如身体不舒服、要回家上厕所之类），否则就不能更改了。孩子如果哭闹，也不要妥协，可以告诉孩子："妈妈知道了，不过我们现在已经按照你之前的选择出来了呢，下次你可以试试选择另一个。"这个过程重复几次之后，孩子就会开始更慎重地对待各种选择了，也会开始明白，选择做出后是不能轻易更改的。

11. 如何引导孩子正确使用电子产品

问 “我儿子有时候会偷偷拿着平板电脑去玩，被家人发现后他很生气，还说爸爸妈妈也在他房间看手机。这种情况应该如何应对？对于四五岁的孩子，家长应该如何引导其正确使用电子产品？”

答 这个问题现在确实比较普遍，以下看法和建议供参考：

（1）现在这个社会，完全屏蔽电子产品是不太可能的。一个家里的电子产品经常不止一件。现在很多学校的教学，也越来越多使用这些电子科技，所以一点儿都不让孩子接触是不现实的。

（2）家长做好示范。孩子说爸爸妈妈在他房间看手机，我不知道是什么样的场景，是一边陪孩子一边看手机吗？如果是这样，那就是家长自己的问题。扪心自问，父母能否控制住自己不在孩子面前玩手机？如果不希望孩子在吃饭的时候看电视，那么父母自己有没有把手机带到饭桌上？不希望孩子睡前看平板电脑，那么父母有没有在陪孩子入睡时，坐在他床边看手机？

（3）既然不能完全不让孩子看，就需要有大概的时间规划。比如每天总共看多久，大概什么时候看。对于幼儿，一般不建议 2 岁以下的孩子有屏幕时间，除了视频通话。而 2~5 岁的孩子一般建议每天不超过一个小时，而且是分几次看。美国一篇关于学龄期儿童的研究发现，学龄期儿童如果每天的屏幕时间超过 2 小时，就会对孩子的认知发展以及注意力有不良的影响。

（4）家庭内的屏幕时间应该有个大家共同遵守的大概原则。比如每天固定观看时间，在此之后大人小孩都把手机、平板电脑放到一个固定的地方，不要带进卧室。规则是大家一起讨论制定的，也应该一家人遵守，不要“只许州官放火，不许百姓点灯”。

（5）家长和孩子一起参与。家长有没有了解孩子玩平板电脑是因为什么？玩游戏？看小说？看电影视频？聊天？……家长和孩子平时的互动如何？如果孩子允许，我更建议大人在孩子看的时候和孩子一起（比如一起组队打游戏），这样大人和孩子互动时有共同话题，也能保证孩子所看的没有不适合他年龄的内容。

如果孩子不想和大人一起看，不用强求，但是父母应对内容有适度的监管和限制。比如，如果父母发现孩子所浏览的内容涉及两性问题，而父母又没有给孩子做过青春期性教育，建议及时开始。

12. 如何让孩子告别电视，爱上看书

问 “我的儿子 3 岁半，他非常喜欢看迪士尼的电视节目，从幼儿园放学回家就看。平时爷爷奶奶带得多，会经常让他看电影，导致他现在对看书兴趣不大，对故事书的内容也不感兴趣。电视确实很精彩，比书本精彩多了，但我还是希望他能从书本中寻找乐趣。有什么方法吗？”

答 在爱上阅读之前孩子过多接触电视节目，确实有可能会让孩子更爱看电视，不那么爱看书。因为电视节目里融合了很多的声光影像刺激，很容易吸引孩子。

具体该怎么办呢？我觉得可以考虑以下几个方面：

（1）建议选择适合孩子看的电视节目。不要让孩子一味看大人看的电视节目，并根据适宜电视节目的内容选择相应的书籍，这样可以在一定程度上增加孩子对书籍的兴趣，引导孩子习惯纸质书的信息输入。

比较容易的是那些经典动画片，因为基本上都已经有相应的纸质读物了，比如迪士尼系列、托马斯系列、彼得兔系列等。当然，不是所有适合孩子看的电视节目都是有纸质书的，这就要求家长多动脑筋，找到电视节目中的某个点，以这个点为连接，找到相关的书籍。

（2）控制看电视的时间。比如和孩子说好，每天看电视的时间是什么时候，大概多久。除了这个时间外，哪怕孩子哭闹也不让看。然后选择一些符合孩子年龄和兴趣特点的书，和孩子做一些有趣的亲子阅读。

（3）亲子阅读还可以和户外活动相关联。比如在书里看到大熊猫，就可以带着孩子去动物园看真的大熊猫；在书里看到小乌龟，就可以带着孩子去买小乌龟来饲养，让孩子比较书里的小乌龟和他自己养的小乌龟是不是有一样的特点……

（4）增加父母陪伴。丰富和孩子一起的活动内容，增加户外活动，既可以减少孩子被电视吸引的次数，也有益于亲子关系和孩子的身心健康。

13. 孩子害羞不理人，是否可以送早教班进行锻炼

问 “我家孩子是男宝，今年2岁8个月，比较胆小害羞，不够自信，不听指挥，怎么喊他都不理人。为了锻炼一下孩子，我想送他去早教中心，不知道是否有用呢？我很困惑，最近看了好多帖子，孩子基本都是从小就上早教班的，也不知道我家孩子现在这个年龄该怎么选择？”

答 这个问题里我注意到了两方面：

第一，不听指挥，怎么喊都不理人。出于我的职业敏感，我建议首先排除孤独症的可能性。比如：这种不理人、不听指挥只是和陌生人如此，还是和家里人也是如此？孩子有没有回避眼神对视？会主动出现或者回以社交性微笑吗？看到好玩的会指给父母看吗？父母指东西给他看以后，他会眼神追随吗？如果这些都不理想，建议及早找发育行为儿科医生面诊评估。

第二，如果排除了孤独症，那要不要因为孩子胆小害羞不够自信去上早教课锻炼？

我不知道孩子具体的行为表现，虽然我非常理解家长希望孩子表现得更加落落大方的期待，但我还是建议要注意以下几个方面：

（1）调整自我心态。父母是否一定要去改变孩子？父母有没有带

着固有的认知去评判孩子，给他们贴上负面标签（比如胆小）？

每个孩子从出生就带着不同的气质特征。有的是兰花宝宝，对环境很敏感；有的是蒲公英宝宝，对环境要求没有那么高。但是两者如果获得了恰当的养育模式，都可以开出自己的花朵。

兰花宝宝们对他人的情绪更敏感，更容易被别人情绪带入，很怕各种动画片和绘本中伤心或者吓人的情节，在同一个环境中，他们会注意到别人没有注意到的细节。这种敏感的特点并不都是坏事，这些特质会让孩子交友更加细腻、更加注意环境的安全、更有艺术天赋……

有没有可能把兰花宝宝变成对环境的敏感度没有那么高的蒲公英宝宝呢？严格地说，很困难。但是，虽然孩子对世界的察知方式很难改变，父母却可以在养育中通过言传身教和练习去教会孩子如何更好地去处理他们所感受到的那些内容。

（2）在孩子的最近发展区里给孩子提供脚手架式的支持。我前面讲过最近发展区以及脚手架教育的内容。

如果一个非常敏感和容易退缩的孩子，一下子被放到有很多陌生小朋友和大人的早教班，这是否是在他的最近发展区呢？大人是否是提供了脚手架式的帮助呢？ 如果从这个角度去考虑，相信家长就会有更清晰的认识了。

14. 孩子认字应该从几岁开始

问 “幼儿认字应该从几岁开始比较好？老师拿着书让幼儿园的孩子一个字一个字指着并跟着她读，这种算是学习训练吧？这种方式会压抑儿童的学习动机，对以后学校学习产生消极影响吗？”

答 什么时候识字，什么时候学数学，一直是一个存在很多争议的话题。很多家长容易被周围环境影响，于是在焦虑孩子不如别的娃识字多和抹杀孩子天性兴趣之间摇摆不定。

这个问题我分以下几个方面简单聊一下：

（1）识字的早晚。识字的早晚没有严格的时间界定。有些孩子很早就对绘本或者户外广告牌上的文字感兴趣，家长自然可以依照孩子的兴趣告诉他们那些文字是什么意思。

也有一些孩子在4~5岁以前对文字都没有自发的兴趣，更喜欢拼图，喜欢看图片，喜欢唱歌跳舞。对于这些孩子，家长不应完全让他们和文字隔绝，一个字都不教，不过这种教更多是从大框架和兴趣着手。

比如，家长陪孩子进行亲子阅读，孩子自然可以明白：哦，原来那些黑黑的像小虫子一样的东西是有不同发音不同意思的。再比如，家长带孩子出去玩，看到建筑上的文字，家长指着读一下：“图——书——

馆——我们到图书馆啦！”家长可以让孩子知道文字无处不在，和生活息息相关，从而觉得文字很亲切。

（2）识字的方法。到了5岁左右，如果孩子对于文字还是没有兴趣，家长可以稍稍进行一点儿引导。比如小包子就读的幼儿园发了一张光碟，光碟里用歌曲和小游戏教孩子认字，但每次只教一个字。

教孩子识字的方法有很多，我这只是举个例子，我想说的是：理解孩子的认知特点、识字需要是和理解以及兴趣直接挂钩的，不要让孩子把宝贵的时光花费在枯燥无味的死记硬背里。

倒不是说机械记忆和重复完全没有意义，通过机械重复孩子一样可以记住一些字词，但是我觉得可惜的是，这种方式牺牲了很多乐趣，也很容易让孩子对学习丧失兴趣。

那是不是机械记忆就一定会对以后的学习产生消极影响呢？请想象下面两种情况：

第一，老师和家长用反复跟读的方式教孩子字词，即使孩子读了也不会自己认，家长也很有耐心，不着急、不批评，每次只要跟着读就给孩子很多肯定和鼓励，读的时间长短也合理，孩子不感兴趣也不强求。

这种情况下，孩子跟读的积极性在某种程度上是可以维持一段时间的（可能有一些外部动机产生）。如果孩子因为跟读认识了很多字，对文字越来越有兴趣，慢慢可以自己看一些简单短句，这样阅读就会有一个好的开端（引发了内部动机）。

第二，老师和家长也用反复跟读的方式，但是急着让孩子认识字。如果发现跟读了几遍孩子还是不认识（年龄越小，可能性越大），或者昨天好像认识了的字今天就不记得了，被功利心驱使的大人就会呵斥孩子，甚至会惩罚孩子。

这种情况下，可想而知孩子的学习兴趣会朝着哪个方向发展。而这就是大多数家长的状态，甚至有家长咨询我：3 岁的孩子学过的字总是忘记，是不是智商有问题……

所以，不应一刀切，结合孩子的发展阶段和特点，注意动态调整自己的方法和期待值很重要。

15. 孩子什么时候学写字合适

问 “我的孩子 2 岁，尝试过用握笔引导器引导他用正确的握笔姿势练习连线（用小儿三角铅笔，时间不多，有一段时间也会用训练筷）。有的妈妈说太早这样握笔会使手指变形，请问这种引导握笔的方式是不是要停呢？几岁开始描红合适？”

答 这个问题可以从以下几个角度考虑：

首先，就是手指会不会变形这个问题。如果不是每天长时间这么做，几分钟、十几分钟的事情，手指变形倒是不至于，毕竟孩子的手也会做很多其他的动作。所以如果孩子愿意抓着当玩具玩，我觉得不是大问题。

其次，父母这么早让孩子练习握笔的姿势，目的是什么？如果是为了早点让孩子学会写字，2 岁的宝宝未免太小。要知道，学会写字，不仅仅是握笔姿势对了就可以了，还需要空间加工能力、手眼协调能力、工作记忆能力、注意力等各个方面的协同发展。

就算孩子这么小握笔姿势正确了，能有多大的意义呢？反过来想，本来孩子再大一点儿，各项能力发展成熟，学起来就会非常容易的事情，为什么要在孩子这么小的时候使出 5 倍、10 倍的气力去勉强呢？

2 岁的孩子还处于感知学习阶段，各种各样的游戏对于他来说其实就是学习。比如，与其让孩子写字，不如让他用手指头蘸颜料按在纸上，连在一起变成毛毛虫，按在妈妈画的树干上变成树叶；或者让孩子抓着大蜡笔，自由涂抹；甚至可以让孩子脱掉袜子，踩上颜料，然后去大的纸上跳舞……

再次，关于几岁开始描红合适这个问题，答案是不固定的，这要看孩子认知的发展、手指小肌肉力量的发展、手眼协调能力的发展。

此外，描红的目的是让孩子知道字的走向、结构，而对空间认知和加工能力的要求，对于 2 岁的孩子来说，还是太早了。而且，无论写字还是描红，需要精准控制笔尖的走向，所以要孩子一动不动坐好，注意力高度集中，这些对于 2 岁的孩子来说也是难以达到的。

最后，我想强调的是：孩子的各种能力都不是孤立发展的，抛开发展特点的做法是不科学的。不了解孩子各个年龄段的发展特点怎么办？《伯克毕生发展心理学》这本书里有单独的章节介绍，可以看看。对孩子的引导要参考“最近发展区”和“脚手架教育”的理念，不要让成年人自己的焦虑和功利心主导了一切。

16. 如何培养孩子的自信心

问 “我家孩子2岁4个月，特别爱说他不会，他做不到。这种表现是否符合这个年龄段的特点？我该如何做才能鼓励孩子，给他信心呢？”

答 不知道背景信息，无法深入分析，我会考虑以下几个方面，各位的孩子如果有类似的情况可以对照分析。

（1）孩子真的觉得自己不会，做不到。

（2）有可能孩子本身气质特征就是谨慎的。这种孩子没有十足把握就不会表露自己，他们甚至学说话都要等自己很有把握说得很好了，才肯对着他人开口，否则都是自己“偷偷练习”。即使父母百般鼓励，他们也会退缩和推辞。

（3）孩子经常被父母过度评价，或者父母代劳太多了。这个年龄段孩子的特点是，一方面想要自主和独立，尝试更多内容，一方面又很容易因为行为被否定、嘲笑而觉得羞愧。

如果父母过分强调结果，或者每次孩子做不好就批评指责，会让他们更多朝着自我怀疑和羞愧那个方向发展；而如果父母事事代劳，剥夺孩子尝试练习的机会，他们也会因为缺乏实践的机会而自我怀疑。

针对这种情况，建议用成长性思维多关注孩子在过程中的努力和尝试，不要总是强调结果。另外，生活中也多给孩子创造机会，帮助他们体验成功的喜悦，尤其是那种经过一点儿努力和坚持就能成功的喜悦。

一开始从孩子自己能独立完成的事情起步，也请他们为家人提供帮助，这个过程中他们会觉得自己是有能力的，也是有价值的。然后过渡到他们的“最近发展区”。在这个过程里，大人和孩子站一条战线，给予鼓励和支持，不侧重结果，多看孩子的坚持以及一次次的变化。

（4）孩子是否在用这种无助的形象获取父母更多的关注和爱。有些孩子发现，如果自己表现得更无助和可怜，父母会更温柔，给他们更多关注和爱，于是他们会经常使用这个策略。即使他们可以做到的事情，他们也会扭扭捏捏，表现得很怕、很不安、很无助。

如果是这种情况，那么父母就需要考虑调整自己和孩子的互动模式，多鼓励和强化孩子日常生活中的另一面了。

比如在孩子表现独立的时候，在独立完成任务的时候，在帮助家人的时候……都可以积极地鼓励和肯定。当孩子表现得很无助可怜的时候，不要给予过度的安慰，平静回应即可。

17. 如何让孩子更好地适应新环境

问 “今天带宝宝去早教中心咨询，参观的时候老师和爸爸都让宝宝自己爬楼梯上去，可是我家宝宝慢热，抓着我不放。后来我先上了楼梯，宝宝一边大哭地看着我一边爬上来，一共三次，每次都是哭着爬。我总觉得这样做是不是不太妥，应该让他自愿，而不是强迫，不是吗？”

答 我能理解老师和爸爸的出发点：让孩子更独立。但是我个人觉得让妈妈自己上楼，孩子哭着爬上来的方法并不是太好，原因如下：

新的环境有陌生人，孩子往往需要加强与最亲近的人之间的紧密连接来获得安全感，这也是我提到很多次的内容：“安全基地”的稳定才是孩子向外探索的底气。在陌生环境中，妈妈抛开孩子自己先上楼，孩子会很惶恐，更不会向外探索。如果这个时候有其他人代替性地提供心理支持还好，但是如果没有，其实并不利于孩子对新环境的探索。

如果父母希望孩子适应和喜欢一个新的环境，在最初的时候，要避免形成孩子对这个地方的负面关联和想象。想象一下：平时妈妈都不会这样，一到这个地方就表现不同了，问题是这个地方还没有其他人提供代替性支持，也没有更吸引孩子的小伙伴或者玩具，那么孩子就有可能一提到这个地方就很排斥。

孩子的独立性是逐步鼓励和引导出来的，逼迫并不是最好的办法。什么时候都不要忘记去理解孩子的感受和需求，将心比心地考虑问题。

18. 如何培养孩子的金钱观

问 “请问多大开始可以培养孩子的金钱观念？我的孩子1岁9个月，最近开始知道了‘钱’这种东西可以换币坐摇摇车，家中老人拿名片告诉她这就是钱，她很喜欢这种‘钱’。当我发现这种情况时已经不知道该如何去制止了。我该如何处理和引导？”

答 虽然说金钱观的培养多早都是可以的，但是严格来说，不同年龄段的理解水平不同，培养目标也就不同。

1岁之前，金钱观的培养通常是无处着手的，孩子对金钱和买东西的因果关系也不能理解，家长能做的只是把模拟金钱交易的玩具给孩子玩，所以这个阶段进行金钱教育并不合适。1~3岁幼儿阶段的目标是帮助孩子理解“钱是什么”“钱可以买回来东西”等概念。当孩子开始喜欢数数的时候，可以拿模拟金钱交易的玩具出来给孩子数。

再大一点儿就需要让孩子知道“不是所有我们想要的都可以买”“钱是通过劳动获得的，不是树上长出来的”，然后引入存钱罐，让孩子有存储的概念和选择性花钱的概念。学龄前可以教孩子认识钱币的面值和简单的钱币换算。父母可以开始给学龄儿童零花钱，让孩子管理，了解银行存储的方式，还可以引入代币的概念……

所以，金钱观的培养涉及很多内容，不同年龄段的重点不同。针对提问中的情况，孩子已经了解钱是可以换币的，虽然孩子不能理解代币机制，但他从自己直观体验的结果知道，拿着钱可以换来摇摇车坐。这里其实有积极的一面。

需要注意的是要纠正孩子认为名片是钱的认知。这个操作起来也不难：一方面，家长可以把纸币和硬币拿出来让孩子认识（使用硬币时要注意安全，家长千万不要在无监管情况下让孩子取得硬币）；另一方面，下次带孩子去坐摇摇车时带上真实的钱币，让孩子自己交给店主换摇摇车币就好，同时告诉孩子老人给的那些名片不是钱。

19. 4岁后预测孩子的成年智商是否准确

问 “4岁后可以通过哪些手段预测孩子成年后的智商？这些方法是否有可靠的依据？预测结果的可信度有多高？”

答 这里需分三点来讨论和拓展：

（1）没有完美的智力测试。现行的各种智力测试其实都不能完全反映大脑和认知的全部变化，甚至智商的说法也是如此。

之所以智商的说法继续存在，也继续通过智力测试的方式来检验高低，是因为一方面有大量的研究发现，智力的水平和学业、工作，甚至老年死亡率等各种情况有很大的相关性，即使在控制了家庭因素、教育因素以及其他一些因素之后。

另一方面，很多时候需要一个客观指标来进行横向和纵向比较。比如，需要画一条线，才能决定哪些孩子的认知发展落后于正常区间，需要接受一些特殊教育。

现行的智力测试看起来题目很多，但是经过很多系统信效度检测及相关性研究以后，标准化的智力测试都是结合了不同能区、不同发展领域评估的，是相对可靠的。至于网上一些看几张图片就判断智商、回答一两个问题就判断智商的测试，娱乐一下就好。

（2）再讲讲我对“预测”的理解。我其实应该更深入解释一下的，但是涉及的内容和方法比较专业，这里尽量简化。

在日常生活中说“预测”通常就会有“百分之百肯定”的意味，但是在研究领域所说的预测并不是如此。在大样本中，研究者希望知道某些因素会不会和某个结果有关，以及这个因素会不会对结果有预测作用。通常统计分析方法中会使用回归方程做预测模型，预测模型可能有很多种可能，有某个单一因素和结果之间的关系，有很多因素和结果的关系，还要考虑不同因素之间的相互作用。

举个简单的例子，分析饮酒和肝癌的关系。饮酒是一个因素，但是还要考虑研究对象的年龄、工作类型、睡眠时间、性别、家族史，等等。如果有 6 个要考虑的因素，可能的模型会有 64 个之多！

统计分析方法的作用是在这些模型中根据数据分析，判断哪些因素更有相关性和预测性，哪个模型有更大的预测效力。真实研究中，很难有百分之百预测的完美模型，因为总会有一些未知因素，所以更多是看预测模型能达到多高的效率。

我提到的研究里，孩子在5~7岁时的智商和成年早期的智商相关性可以达到0.86（1.0是完全相关），而孩子11~12岁的智商和成年早期的智商相关性可达到0.96，4岁以前的智商和成人智商的相关性则比较低，没有显著的统计学意义。

（3）考虑概率问题。第二点可能看起来比较拗口，我用通俗语言再讲一下：科学研究往往基于群体，也有个案报告和研究，但是结果通常不能直接应用到群体。大样本的研究通常考虑的是群体的共性。比如，从小总是被家暴的孩子成年后容易出现各种情绪行为问题，甚至精神类疾病发病率增高。这是从大量的群体研究中得来的，那么是不是每个个体都一样呢？

不是的。有一些个体经历了家暴，但是因为某些因素，他们并没有出现研究里提到的问题，这就有一个概率问题。100个人中，70个有问题，30个没问题，但是研究结果会看总体的结果是否具有统计学意义。

有没有孩子5岁时智商高，成年后智商特别低呢？肯定有。那些因为意外脑损伤的、因为环境剥夺养育隔离的……但是，这些个体不代表群体共性，所以拿个体结果去预测群体共性是不合适的。

20. 睡前如何给孩子讲故事

问 “请问睡前关灯后，您是怎么哄孩子入睡的呢？会不会讲故事呢？我想给孩子（2岁整）讲故事，可是不会啊！怎么学习讲故事呢？”

答 哄睡的方法其实根据孩子的年龄和需求会有不同，比如我家两个孩子就很不同，这里分享一下我用的方法，不一定适合其他的孩子。

哥哥小包子，在睡前需要陪伴，我和他的睡前活动其实也随着他的年龄变化而一直在变化。很小的时候，就是睡前阅读。说是阅读，其实就是和孩子一起看两三本绘本，不追求孩子能看懂多少，也不强求孩子要听我读完，由他主导节奏和关注点，我只是适当引导。

再大一点儿的时候，他的入睡时间推后了，语言理解能力也更好了，这个时候我们通常是阅读一本绘本，再一起听一个小故事，听完之后简单地讨论一下。我发现他到3岁左右才开始对所听故事的情节感兴趣。

现在，他可以自己看一本书（通常是我读过的，他不一定认识字，但是仍然看得津津有味），看完后我再给他读另一本，随后进行睡前聊天和讨论。我自己讲故事，一般都是在给俩娃刷牙的时候，都是很简短的故事，随意发挥。他最近也开始自己编故事给我听，比如“长了30只脚的树要从土里跳出来，去看大世界……”“小老鼠遇到外星人……”

妹妹小团子，一直都喜欢睡前听我们读绘本，不喜欢听故事，而且喜欢一本书反复读，每一页特定的地方都会问相同的问题，每晚如此。直到那本书的字她虽然还不认识，但自己也能复述了，才会换下一本。每天读完故事，亲亲抱抱，我关灯出门，她就可以迅速入睡了。

2 岁的孩子不一定能听懂家长讲的故事，因为其中涉及很多抽象语言理解和抽象思维，所以不妨从读绘本开始吧。当然，不是说完全不可以讲故事，这个年龄可以尝试非常简短的故事。我曾经在小包子小的时候编过非常短的故事：“小兔子肚子饿了，去地里拔萝卜，拔了一个大萝卜，啊，真好吃。”

等孩子大一点儿，有时间、有兴趣的时候，我觉得妈妈可以自己听一些讲故事的节目，然后改编给孩子听。还有一个简单的办法：我有一次回国带孩子坐火车，一路上被要求不停地讲故事，于是我讲了一路的成语故事，比如叶公好龙、狐假虎威、揠苗助长……

第七章

告别焦虑和紧张，爱上幼儿园

上幼儿园是很多父母和孩子的第一次分离，这个过程不仅仅孩子焦虑，父母也同样焦虑。开学前两周，学校大门口和教室窗户边经常见到躲躲闪闪的父母。我一个朋友把孩子送到幼儿园以后，在孩子的哭声中转身离开，然后把自己关进汽车里，哭着给我打电话……

所以，这个阶段需要父母和孩子一起努力。父母需要认真地选择幼儿园，留意孩子的适应情况，有意识地调整自己的情绪和认知，还需要积极地和老师沟通。

虽然每个孩子的情况都不同，适应的速度不同，情绪反应的强度也不同，但是在给予适当支持的情况下，父母也需要相信孩子的适应力和心理弹性。

1. 早点儿送幼儿园好，还是晚点儿送好

问 “我家附近幼儿园有小小班，2岁的孩子就可以送过去。家里人希望把孩子送过去，这样我自己也可以早点开始上班，但是我觉得孩子太小了，害怕这么小就送托会降低孩子的安全感。我该怎么办？”

答 这个问题分为两个部分来看：

首先，关于多大的时候送孩子上幼儿园，以及入托年龄对孩子的影响，欧美国家研究得比较早也比较多。因为与中国相比，欧美国家祖辈帮忙带孙辈的情况比较少见。这些国家的职场妈妈们经常不得不很早就把孩子送到托儿所，因此欧美国家的托儿所非常多，可以接收年龄最小是几个月大的婴儿。

美国儿童心理学家史蒂夫·比达尔夫（Steve Biddulph）（《养育男孩》《养育女孩》的作者）的研究发现：相比于同龄的孩子，3岁前就被送到托儿所的孩子以后更容易出现攻击性性格、反社会行为、人际关系问题、情感障碍。原因主要是：3岁之前是孩子形成并维持安全型亲子依恋的关键时期，需要有一个稳定的照料者及时并一致性地回应他们的需求。

但是，也有研究认为，尽早让孩子上托儿所有利于他们社交情感的发展。关于这一部分的研究结果，在过去二三十年内一直颇具争议，这

种争议直到今天仍然存在。

其次，在没有权威的研究结果之前，我们怎么办？是不是一定要按照3岁这个年龄一刀切呢？我不这么认为。

无论是身体发育，还是心理发育，每个孩子都是独特。同在正常区间里的孩子，往往也有着个体差异。一个孩子的气质特征如何、早期和父母之间的依恋关系、幼儿园的班级类型和师生比、早期的经历等因素，都与孩子在幼儿园的适应情况息息相关。

比如，容易型气质的儿童吃、喝、睡、大小便等生理功能活动有规律，节奏明显，对新刺激的反应是积极接近，对新事物和新变化的适应性强。这类儿童即使稍微早一点儿上幼儿园，也能相对较快地适应。困难型气质的儿童的睡眠和饥饿模式不规律，对新事物接受缓慢，适应时间长，总是大声哭闹，遇到挫折容易发脾气，适应起来就更有难度。

班级类型、师生比以及教学理念等，这些也是比较重要的影响因素。如果孩子所在的班级师生比例高，课堂理念是“儿童在游戏中学习和成长”，老师能给孩子提供很好的情感支持，那么孩子适应起来会更快更好。

反之，如果孩子所在班级师生比例低，课堂理念是“幼小要衔接”，一味要求孩子学习各种文化知识，上课坐姿还必须端正、整齐划一、不能乱动，老师也比较严厉……这种班级类型和课堂理念往往不符合幼儿的发展特点，也增加了孩子的适应难度。

而送到小小班的孩子，通常大小便还不能自理，甚至排便都无法提前告知，这种情况下老师是否理解和耐心照料就显得非常重要。

除此之外，孩子与父母的亲子依恋和安全感如何，妈妈全职在家带孩子的心理压力和焦虑程度，都是需要综合考虑的。比如，如果妈妈非常焦虑，总担心自己的事业发展，和孩子在一起也很容易打骂孩子，早点儿送托儿所反而不一定是坏事。

基于各种不同的情况，有的孩子虽然上幼儿园早一点，但是他们适应得非常好，有的孩子上得晚，却要经历长时间的哭闹。所以，要综合分析和判断。

2. 孩子上幼儿园前，应该做哪些准备

问 “孩子过几个月就要上幼儿园了，请问父母可以做些什么来帮助孩子更好更快地适应幼儿园呢？”

答 入园之前可以考虑的准备工作有：

（1）多走走、多看看，选择一个合适的幼儿园。不同的托儿所和幼儿园也有不同侧重：有的侧重游戏，有的侧重学习；有双语幼儿园，也有全汉语幼儿园。在选择的过程中，结合自己家里的经济条件和侧重点，不要盲目跟风。

虽然对于选择哪种类型的幼儿园，家长心中应该各有思量，但是对于3岁前就入园的小朋友来说，一个侧重在愉快氛围中游戏、在游戏中探索的幼儿园明显会是更好的选择。

合适的师生比例也很重要，这决定着老师能否及时回应孩子的各种需求。美国儿科学会推荐6~18个月的孩子所在班级的师生比应该是1∶3，

18 个月 ~2 岁应该是 1∶4，2~3 岁应该是 1∶7（美国联邦政府的规定略有不同，规定得更细致）。当然，国内的情况可能不同，以上仅供大家参考。

老师的水平自是重中之重了，毕竟孩子在幼儿园的时间较长，与老师之间能够形成稳定的依恋关系对缓解孩子的入园焦虑非常重要。

（2）提前实现家里和幼儿园生活安排的“对接”。一个人从常规的生活环境猛然跳跃到一个完全不同的环境，不适应是必然的。对于孩子来说，上幼儿园意味着面临很多的变化：习惯了晚睡晚起，突然要早睡早起；习惯了中午不睡午觉，或者午觉睡得晚，突然要按时按点睡午觉；习惯了一日三餐和零食都是按照自己的喜好准备的，突然要去适应幼儿园准备好的食物；习惯了大人喂饭，突然要自己吃；习惯了所有的玩具自己独占，突然每件玩具都需要和其他小朋友分享……

父母希望帮助孩子尽快适应、减少焦虑，首先要做的就是实现家中和幼儿园里生活安排的“对接”，尽可能实现家中和幼儿园里作息一致，以及生活方式也尽可能一致（完全一致是不太可能实现的）。

一些入园文章建议家长加快宝宝大小便训练，我这里想要提醒大家的是：虽然实现自主大小便确实能帮助孩子更好地适应幼儿园，但是家长最好还是不要操之过急，要根据孩子自身是否准备好，选用恰当的排便训练方法，以免造成孩子的排便焦虑，反而增加了入园困难。没有完成如厕训练的孩子，家长可以先教会他用语言表达要如厕的想法。

（3）树立老师的威信。日常通过讲小故事和绘本来向孩子灌输一个信念：老师是一个非常可爱、可亲、可信任的对象，小朋友在幼儿园里有困难可以找老师帮忙，老师会保护小朋友。这里要注意的是：无论孩子是否马上要上幼儿园，平时在日常对话中都要尽量避免拿上学以及老师来恐吓孩子，不要对孩子说“你再不乖就送你去幼儿园”“你这么调皮，以后上幼儿园老师会经常揍你”之类的话。

（4）带宝宝提前熟悉幼儿园。和没有去过幼儿园的宝宝谈论幼儿园，他们缺乏直观印象和亲身体验，所以总是会有不确定感和担心。

鉴于此，家长可以和幼儿园老师约好，找个时间带孩子去参观幼儿园。最好选在幼儿园里其他小朋友游戏的时间，比如唱歌、在游乐场玩等。这样可以给孩子一个印象：幼儿园不是一个恐怖的地方，相反，是一个有很多小朋友一起玩的快乐有趣的地方。也借这个机会，让孩子和老师有个初步的接触。这样等到正式入园那天，孩子就能更快接受老师的安抚。

（5）提前通过视频、绘本或者角色扮演，让孩子了解幼儿园，有助于让孩子对上幼儿园更有好奇心和更期盼。

3. 如何缓解孩子的入园焦虑

问 “孩子刚满 3 岁就送去了幼儿园，但是每天都哭闹得厉害。我想给她看和幼儿园有关的视频和绘本，但是孩子看到就非常抗拒，要我停下来。怎么才可以让孩子爱上幼儿园呢？如果我现在让孩子暂时不去幼儿园，半年后再送会不会好一点儿呢？”

答 对于这个问题，我的看法和建议是这样的：

如果孩子不愿意看和幼儿园有关的视频，那么可以不强求。视频的冲击力可能更大一些，可以考虑一些积极快乐的幼儿园绘本，然后在和孩子看的时候，不要把重点放在妈妈走了，而是放在幼儿园里有好多的小朋友一起玩，有好多新的玩具，妈妈按时来接孩子，并给孩子带来健康好吃的零食。

虽然问题当中没有提到，但我还是想要提醒：

（1）千万不要因为怕孩子哭而偷偷离开。偷偷离开会让孩子非常恐慌，因为她不知道爸爸妈妈去哪里了，这样做也会毁坏孩子对爸爸妈妈的信任。

（2）告诉孩子什么时候会回来接她，和孩子轻松说再见。可以有固定的告别仪式，每次都保持一致。不要因为孩子哭而反复回过头去安慰和拥抱，这样做只会让孩子觉得只要他哭，爸爸妈妈就会回来，所以他会哭得更厉害，哭的时间也更长。

（3）父母自己不要哭泣。因为孩子是以父母为参照判断环境是否安全的，如果他发现父母都很伤心很紧张，他们自然会更害怕。

（4）遵守诺言，按时接送。等待的滋味很难熬。

（5）回到家和孩子亲密互动，给予高质量陪伴。孩子的成长过程其实就是一次一次面临挑战并克服的过程。比如，不会走路的时候要练习，可能会摔很多次，这个过程中孩子的韧性其实也得到了锻炼。心理阴影更多出现于没有支持、没有回应、被粗暴对待的时候，孩子虽然经历困难，但是如果有成人的支持，并不会留下心理阴影。

让孩子有机会去接触外界，去形成伙伴关系，妈妈则在孩子回家后的时间里给予高质量陪伴，这些是应对孩子分离焦虑时很重要的因素。

当然，上不上幼儿园是由父母决定的，如果父母觉得自己很难面对孩子的哭闹，非常担心，也可以考虑暂时不送或者从只送半天开始。

但是需要有思想准备的是：即使现在不送，过半年再送，这个面对和适应分离焦虑的过程还会重现，也无法预测以后哭闹现象是会好一点儿还是会更严重，因为这两种情况都有可能出现。

4. 如何才能让孩子开心上学

问 “我的女儿4岁，幼儿园中班，每天从幼儿园放学回家都表示很开心，说第二天还要上幼儿园，可是到了晚上睡觉前和早上起床的时候就会哭着不想上幼儿园。我问过她原因，她说‘幼儿园的饭吃不完’‘幼儿园没有爸爸妈妈’等，但幼儿园老师反映，她到幼儿园以后就很开心，这是为什么呢？”

答 孩子在家不想出门，但是去了幼儿园后也能很开心地参与，这种情况通常见于刚上幼儿园不久，或者经历了一个长假后刚开始返校的时候。

看积极的一面：孩子即使在不愿意的情况下，也能在“第二选择”幼儿园里玩得开心，说明老师和孩子的互动或者她和小朋友的关系是不错的，孩子的自我情绪调节和适应能力也是不错的。

那么，是什么原因让孩子更愿意待在家里而不愿去幼儿园呢？每个孩子情况都不一样，没有绝对肯定的原因，但是通常会考虑以下几个方面：家里的作息安排更随意，没有幼儿园里的一些限制；假期和父母朝夕相处不愿意分开；幼儿园里大体情况都可以，但是有某个环节让孩子不太舒服，虽然在游戏活动时因为注意力转移暂时忽略了，但是回到家提起幼儿园就会想起来；等等。

家长应该怎么应对呢？

（1）就孩子所提的原因来应对。比如，和老师沟通一下吃饭的情况（饭菜的量、时间限制、吃饭要求等）。如果在家里还会给孩子喂饭，也需要考虑使家里的吃饭模式和幼儿园的保持一致，让孩子习惯自己吃。

对于孩子所说的想爸爸妈妈，可以表示理解，不要忙着否定孩子的感受，并告诉孩子爸爸妈妈也想她，爸爸妈妈会在放学后准时去接她，也可以给孩子随身携带父母和孩子的合影、允许孩子带安慰物。

（2）每天和孩子积极互动交流。但是建议以跟随式倾听和积极倾听为主，不要向孩子提很多细节问题，一方面孩子不一定记得，另一方面也容易让孩子被妈妈的焦虑感染。

（3）和孩子一起玩角色扮演的游戏，游戏背景可以是幼儿园，让孩子发挥。比如说："小熊第一天上幼儿园，不知道在幼儿园里该做些什么，于是和小狗交朋友，一起在幼儿园里玩。"通过这种方式，孩子就会呈现很多她喜欢的事情和不喜欢的，这样父母就可以有针对性地了解和应对了。

（4）不建议每天睡前和起床后特意问孩子："要不要去幼儿园啊？"把孩子去幼儿园看成一件很平常的事情，孩子哭闹时不要过度紧张，孩子不哭闹时也不用特定确认。哭闹时过多的安抚和焦虑，不哭闹时的询问确认，都可能强化孩子提及幼儿园就哭闹的行为。

5. 孩子提前上小学会得多动症吗

问 "听说太早上小学会让孩子得多动症，请问这种说法有理论依据吗？"

答 英语里有一个词语叫"redshirt"，这个词原本的意思有点类似于"大学体育生"，指这些学生入学后先上文化课，可以穿着红色的队服参加一部分体育训练，但是只参加有限的比赛。对于这些学生来说，他们的大学生涯比别人多一年，也就是五年。

后来这个词被用于描述父母决定让孩子推迟一年入学的情况。在美国，有一些父母为了增加孩子入学以后的竞争力，会有意推迟孩子入学的时间，希望孩子入学的时候在心理和身体上发育得更成熟，从而在学业表现上从一群孩子中胜出。

做出这种决定的通常是经济条件较好的家庭，而且是男孩比是女孩的概率高出一倍左右。

最近的研究显示，注意力缺陷多动障碍（俗称多动症）的患病率逐年增加，所以很多研究都在试图寻找原因。入学年龄和多动症患病率之间的关系是这几年的一个研究热点，有的媒体甚至直接宣称：太早入学会导致孩子患上多动症。

科研文章被过度泛化解读，有时候真的是非常容易误导大众的。在这个问题上，目前的研究结果其实并没有一致的结论。现有质量相对更好的研究结果显示：晚一年入学的孩子，在学校测试中的平均成绩会更好。但是，这样更好的成绩如果排除参加考试的孩子的年龄因素以后，优势就不存在了。具体是什么意思呢？

也就是说，6 岁读一年级的孩子的考试成绩分数没有 7 岁读一年级的孩子高，但是7岁读一年级的孩子（晚一年入学）和7岁的二年级孩子（早一年入学）参加相同的学业测试，他们的得分并没有明显差异。如果从长远来看，学业成绩上的差别会很快消失，早入学、晚入学都没有特别的优势。

确实有研究数据显示：相比幼儿园，小学的课堂设置更加正式，对于指令服从、注意力、静坐等要求更高，晚一年入学的孩子更能理解并能遵守这些要求。一些研究发现，早入学和高概率诊断为多动症相关，另一些研究发现推迟一年入学的孩子在注意力不集中和多动量表上的评分更低。但是这种年龄差异造成的不同，随着年龄增长会逐渐减少和消失。

而且，相关并不代表因果。相关是指有关联，但因果是指 A 导致 B。哈佛大学最新的研究认为：早一年入学的孩子，被误诊为多动症的概率更高，并不是实际患有多动症的概率更高。

因为上小学后学校老师以及家庭对于孩子的期待和要求不同，年龄较小的孩子因为更难坐着不动和长时间集中注意力，而更容易得到负性评价，家长也更加焦虑。而多动症的诊断很大程度基于症状表现，所以这些孩子被评估诊断为多动症的概率也更高，同时因为这些压力，出现情绪行为问题的概率也更高。

据我了解，目前国内绝大部分城市入学采取的是按照固定年龄一刀切的义务教育。虽然年龄是一个很好的参考指标，但是不同性别、不同个体的孩子其实在发育水平和成熟度上是有区别的。

比如，男孩体内的多巴胺水平更高，活跃度平均更高。比如，同一性别的孩子中，有的孩子更安静、注意力集中时间更长，有的孩子则更活跃、注意力集中时间相对更短。

据说有的父母因为孩子的预产期在 9 月以后，为了让孩子将来早点入学，竟特意选择在 8 月底进行剖宫产。且不说剖宫产出来的孩子潜在的健康发育风险，单就目前的研究结果来看，9 月以前出生的孩子并不比 9 月以后出生的孩子在学业上更具优势，而且刚开始入学遇到的情绪行为问题还有可能更多。所以，这真不是“赢在起跑线”，何苦来哉?

如果孩子上学的年龄正好在 6 岁，那父母也不必担心孩子的学业表现会不会不如班上那些 6.5~7 岁的孩子。抛开研究结果，孩子的学习是一场马拉松，每个孩子的理解能力和学习能力也不一样，学习的意义更在于孩子自己纵向上的成长。父母也可以想一想：如果孩子到了 6 岁不上小学，这一年里他的收获是不是就比上学更大?

需要注意的一点是：孩子年龄越小，总体来说他们的冲动控制力、注意力的集中时间、情绪的调控能力等确实会更弱一些。这不是孩子的错，做老师和做父母的不要急于给孩子贴标签，不要一味地去比较，这样一方面能在很大程度上减少孩子的情绪压力，另一方面也会降低这些孩子被误诊为多动症的概率。

6. 孩子在幼儿园经常受伤，但是老师说不知情，怎么办

问　“我的儿子3岁半，刚进入幼儿园3个月，适应慢，内向，不爱自我表达。最近我经常发现他膝盖和小腿有伤，询问老师，表示孩子没说，不知情；问孩子，他总是跑开或者做一些满地打滚、吐口水之类的行为。我的过分紧张和严厉指责，导致他越来越不愿意和我交流学校的事，该怎么办？”

答　对于这种频繁受伤的事我是会比较担心的，因为：

首先，如果是我家小包子那种“人来疯”的娃，到新环境适应快，兴奋度也非常高，是喜欢跑而且也跑得快的孩子，那我的担心会少很多。因为这类小朋友经常会在奔跑的时候没注意或者没及时刹车，撞到各种不同的东西，所以身上有点撞伤的痕迹非常常见。即使在家里，他也时不时出现这种情况。当然，这并不绝对，看到孩子受伤仍然要了解过程。

但是，如果孩子是家长所描述的“适应慢、内向、不爱自我表达”，出现因为玩得太兴奋不小心撞到自己的情况应该不会特别频繁，因为这类孩子通常会更谨慎。所以，如果经常受伤，那我觉得需要引起重视。

其次，孩子频繁受伤，老师居然都不知情。我觉得孩子的受伤即使

和老师没有关系，老师也是失职的。

我在幼儿园做过义工，也曾经作为幼儿园老师课堂质量评估员，对幼儿园老师的工作进行过评估和观察，所以我知道孩子偶尔受伤，老师却没有看到的情况确实存在。但是，如果孩子频繁受伤，老师都毫不知情，我很怀疑这个老师是否尽职，或者所选的幼儿园的师生比是否有严重问题。

最后讨论问到孩子，孩子出现“总是跑开或者做一些满地打滚、吐口水之类的行为”。我不知道孩子平时在家里是不是经常做出这些行为，如果是，针对这些行为其实父母还是要做一些行为调整的。当然，这和提问是两个问题，前面也聊了很多次类似的问题，这里不展开了。

我觉得与其直接问孩子，倒不如通过角色扮演和讲绘本故事的方式来尽可能了解孩子在幼儿园的情况。因为直接询问，孩子有可能会表达不清或者忘记，也有可能出现诱导性答案。

角色扮演的方式：和孩子一起玩幼儿园上学的游戏。妈妈做学生，孩子做老师，然后对幼儿园日常活动进行模拟。妈妈尽可能放轻松地投入游戏，不要太紧张，这样孩子才可能放轻松来玩。

如果有必要，那我建议暂停去这家幼儿园，或者可以换一家幼儿园。

7. 老师打骂孩子怎么办

问 孩子从9月份开学至今，只要问到某一个老师对他如何，他都说总是骂他，没有做错事也骂他。他还举例说，他吃完饭后和没吃完饭的孩子聊天，老师只骂他，没说其他孩子。我在视频里也看到他尿了裤子，老师脱他裤子的时候来回推搡他。有一天我问他在学校过得如何，他说‘老师打我’，接着就模仿老师的动作，说很疼，再也不要去幼儿园了。后来他又提到，因为午睡前和隔壁的同学说话，他被老师拉到走廊罚站了一个中午，很多老师走来走去都看到了，但是没有老师理他。和他说话的小朋友没有被罚站，就他一个人站在外面。也有其他家长告诉我经常看到我家孩子被骂。请问我该怎么办？”

答 首先我会考虑孩子言语的准确性。家长可以先和孩子玩角色扮演的游戏，也可以在睡前进行发散式聊天，同时进一步和其他家长私下沟通，并留意班级视频或者监控等，从而判断孩子所说的是否真实。要注意不要进行诱导性提问。如果问孩子：“老师有没有打你／骂你啊？”有时候孩子会说有，但是其实并没有。这就是诱导式提问。

看了问题中的描述，如果孩子所说情况属实，他在学校里经历了区别对待、体罚和羞辱，我觉得孩子非常不容易。该怎么办呢？

作为一个妈妈，我首先考虑的是尽快并最大限度地减少孩子受到的创伤。

理想中的解决方案是：家长可以尝试查看幼儿园的监控录像，如果只有这一个老师是这样的，幼儿园里其他老师都很好，那么父母应该寻找证据，让学校开除这个老师，然后帮孩子换一个好老师或换一个班，继续留在这个幼儿园。如果整体如此，换一个幼儿园。

但是，现实一点儿来说：我不知道家长能否采集到证据。这种区别对待、冷眼旁观、推搡、罚站羞辱，通常孩子的身体上并无伤痕，但心理上受到的影响很大。但是有没有证据、查看录像的难度很大。

曾经有家长遇到过类似的问题，我建议她换幼儿园，然后当初那个每天回来都很难过失落的孩子变得很开心，每天都盼望着去幼儿园。

有朋友问我：如何让孩子爱上幼儿园？我总在想：哪怕父母做完了所有的入园准备，但是孩子爱不爱幼儿园的最后决定力量还是老师，毕竟老师才是那个每天和孩子在一起的人。孩子如果和老师在一起的时候都是压抑的、战战兢兢的、恐惧的、沮丧的……他如何会爱上幼儿园？

8. 孩子在幼儿园总尿裤子怎么办

问 “我女儿刚上幼儿园，哭闹了几天就不哭了，但是每天都尿裤子。我问她为什么，她也不说。请问我该怎么办？”

答 这确实是入园阶段的孩子很常见的一个问题。在考虑具体怎么办之前，照例要先考虑孩子出现这种变化的原因，这涉及对问题背景信息的采集：

第一，孩子在学校里和老师的互动如何？她敢主动和老师说话吗？

第二，孩子尿裤子之前在做什么？尿裤子的时候，她的情绪如何？是很害怕着急，还是看起来很轻松，若无其事？

第三，尿裤子以后，老师是怎么应对处理的？回到家里，家长是如何处理的？

之所以要进行这些背景信息的采集，是因为孩子在幼儿园尿裤子有很多种原因，也就对应着不同的应对方法。我可以列出几种常见的原因：

（1）孩子很害怕和老师主动说话，当着很多同学的面更加不敢，所以在活动中她不敢和老师提出要上厕所。如果是这种情况，那么需要家长和老师沟通，让老师和孩子更亲近，至少在孩子某些固定尿裤子的时间段主动询问孩子或者带孩子去厕所。还可以让老师和孩子约定一个只有他们能懂的小暗号。

（2）孩子和小伙伴玩游戏玩得特别带劲，有尿意的时候憋着不想中断游戏，但是等去厕所的时候就来不及了。如果是这种情况，那么需要老师提醒，也需要家长在家里和孩子进行演练，让孩子明白我们可以请小朋友们暂停游戏。因为尿湿了衣服，游戏耽搁的时间会更长。

（3）孩子在幼儿园需要老师更多的关注，她不喜欢看到老师和其他同学亲近而忘记了自己，所以她通过尿裤子，让老师为自己忙碌，得到老师的关注。如果是这种情况，那家长还需要考虑平时在家里孩子是不是也有各种以类似行为来获取关注的情况。这种情况会更复杂一些，需要了解孩子的内在想法，家长的关注点就不应仅仅在排便上，需要更多地了解是不是自己平时给孩子的关注不够，或者总是在不恰当的时机才给孩子更多的关注？

其实还有其他的可能性。比如孩子觉得厕所太黑，不敢一个人去；孩子觉得幼儿园马桶上有个地方有黑点，她觉得是虫子很害怕……

很多时候，对于孩子来说，直接询问和了解情况是一个方法，但是其他方式也需要使用，包括自己的观察、与老师的沟通、和孩子玩角色扮演等。只有了解了背后的原因，家长才能知道具体怎么处理。

9. 孩子在幼儿园如何跟小朋友交流

问 "我的儿子刚3岁，已经入园。平时在家里活泼好动、爱表达自己，但在幼儿园经常放空自己，发呆时间比较长。老师叫他一起玩，他几乎是不参与的；老师叫他名字，他也不太应答，并且不和别的孩子交流。这种情况我们需要干预吗？该如何鼓励他和老师、小朋友一起玩？"

答 如果在家里和学校叫孩子名字他都不应答，不参与互动和交流，那我会非常重视，会带孩子去做评估，排除发育行为方面的问题和障碍（比如孤独症）。但是，就已知信息，孩子在家里互动交流正常，只在幼儿园出现这种情况，我觉得不必特别担心。

每个孩子在陌生环境面对陌生人，而且父母不在身边的时候，应对方式确实会因为气质性格的不同而不同。有的孩子对新的刺激是趋向性的，在新环境中会兴奋和积极探索；有的孩子是退缩性的，敏感度高，在新环境中会害怕和哭闹，然后会非常黏某一个他觉得相对安全的人，把这个人作为自己主要依恋对象的替代；还有一类孩子，会尽量使自己游离出来，在周围观察，在感觉到舒适和安全之前会拒绝互动，别人主动和他互动，要么不理睬，要么出现攻击性行为（自我保护的方式）。严格来说，这几种表现都是很正常的反应，不是心理问题。

针对孩子的情况，我的建议如下：

（1）和老师沟通，请老师不强迫，不过度热情。集体活动前可以询问他要不要参加，如果不愿意也不用强求，可以说“好，那你想要参加的时候随时告诉老师”。活动过程中可以再次询问，但仍然不强求。

（2）如果老师人数足够，建议让与他相对亲近的老师在集体活动的时候坐在他附近，让孩子没有特别的疏离和孤立感。

（3）如果孩子表达了参与意愿，哪怕很微弱，也积极鼓励，但不过分热情（这类小朋友容易被过度热情吓退）。

（4）在家时父母不要追问孩子为什么不参加集体活动，也不就此批评指责，一如既往地高质量陪伴并进行亲子互动就好。可以在亲子活动中加入角色扮演的游戏，看孩子会不会通过小人偶说出他的感受和想法，如果有，借此机会引导就好。

不用担心，随着孩子对环境的熟悉，这种情况会逐渐减少和消失的。如果持续的时间特别长（半年以上），或者孩子的紧张焦虑非常严重，甚至影响到了在家中的日常生活，饮食睡眠都开始出现问题，建议及时找专业医生进行一对一深入咨询和评估。

10. 孩子放学回来爱发脾气怎么办

问 “宝宝每天去幼儿园都很开心，但是每天傍晚去接他的时候，他总是很容易发脾气，这也不行，那也不行，动不动就哭个不停，请问是什么原因呢？”

答 这位家长提出的问题也是比较普遍的，有些家长甚至怀疑孩子在幼儿园经历了一些不愉快的事情。虽然家长确实需要了解幼儿园的质量和老师的资质，但是当孩子出现这种情况的时候，还有一个重要的因素家长要考虑，那就是疲劳。

刚上幼儿园，孩子每天面对新的环境、新的玩具、新的小伙伴、新的游戏规则……各种信息输入量比较大，容易让孩子外界刺激输入负荷过大，出现精神疲劳。另外，很多幼儿园上午和下午都会组织户外活动，一群小朋友在一起追追赶赶、爬上爬下，比孩子在家里的活动量要大。孩子在兴奋的伙伴互动中不觉得累，但是到了傍晚往往就精力不济，出现体力疲劳。

还有一个可能性很大的原因是，有的宝宝换了新的环境，刚开始时中午睡不着，或者睡着后被作息规律不同的其他小朋友吵醒，都有可能让孩子固有的生物钟出现变动和调整，所以傍晚的时候也可能因为这个原因而烦躁。

爸爸妈妈可以考虑按照下面的办法来逐步调整，使孩子能更好地适应幼儿园的生活。

（1）入园前提前调整孩子的活动内容，每天加入一定时间的户外活动。

（2）入园前提前逐步调整孩子的作息时间，逐渐提前入睡时间，提早起床时间。这种作息调整要以“babystep”（小宝宝走路式的缓慢节奏）的方式进行，比如从晚上9点半提前到9点20分，巩固3天，再提前到9点10分，视孩子的具体情况而定，这样孩子有适应的时间，更容易调整。幅度不要太大，比如说一下子从9点半提前到8点，因为这样容易导致孩子的反抗，他的生物钟也很难这么快地完成转换过程。

（3）周末在家最好保持和幼儿园一样的作息规律。我的个人经验是，如果周末（尤其是周日）孩子晚睡晚起，周一早上通常就会难以叫起，周一整天也会因为头一天晚上的睡眠时间不足而容易过度兴奋和烦躁，哭闹和发脾气也明显增多。

（4）及时给孩子补充能量。如果晚餐时间和接孩子的时间间隔超过1.5个小时，每天接到孩子之后，可以给孩子吃一点儿健康零食（酸奶、水果等），给孩子补充一点儿能量。不要给太多甜食，以免影响孩子晚餐的食欲。

我个人的经验是，这样做可以缓解孩子因为饥饿和体力透支导致的疲劳与烦躁，让孩子的状态好转。夏天尤其如此，因为夏天天黑得晚，通常我们接到孩子以后还会带他在户外玩一会儿，晚饭也吃得稍晚，这个时候能量补充就尤其重要了。

（5）孩子在经历周末的紊乱作息后，周一犯困，千万不要让孩子在傍晚打个盹。因为家长会发现，这个“盹”的时间通常都会很长，但又不足以一直睡到天亮，通常都会在晚上八九点钟醒来，然后他就不睡了，严重影响晚上的睡眠。而如果孩子睡了一会儿就喊他起来，他通常都会非常烦躁，甚至歇斯底里地哭闹，非常难以安抚。这也是“周一哭闹现象”在上学的幼儿中频繁出现的原因。

怎么办？在和他玩静止性有趣游戏的同时，家人快速安排晚餐。这个时候不要太拘泥于晚餐的形式，不要太拘泥于餐桌礼仪和习惯，以最快的速度让孩子吃完饭，并完成睡前程序（比如刷牙、洗澡、读故事等）。这个时候，虽然比平时的入睡时间可能早一个小时左右，但是鉴于孩子周一的睡眠可能缺乏，也可以让其开始入睡了。

11. 孩子在幼儿园不午睡怎么办

问 “家有女宝3岁10个月，2岁起不再午睡，所以一直不习惯在幼儿园午睡。因为睡觉时她动来动去会打扰到其他小朋友，现在午饭后我就接她回家，但是老师又觉得我太娇纵孩子。请问我是该维持现状每天中午接她回家，还是坚持让她在幼儿园午睡？”

答 关于这个问题，我会从以下两个方面来考虑：

（1）有没有可能通过调整孩子的作息以及入睡的方式来让孩子习惯午睡？有些孩子晚上睡得早、早上起得晚，整个晚上的睡眠时间会比较长，他们中午确实可能睡不着。这种情况下，可以通过让孩子提早起床来提高午睡的可能。

此外，幼儿通常在睡前比较兴奋，难以安静下来，一旦安静下来，就能够很快地入睡。所以，建议家长跟老师沟通一下，有没有可能让老师在孩子尝试午睡的时候坐在旁边，提醒她闭上眼睛安静地躺着，或者是让孩子抱着自己喜欢的安抚物安静地躺着。很多孩子在这种情况下是可以午睡的。

如果老师发现即使孩子闭上眼睛安静地躺着，入睡时间也比别人晚很多，那么可以通过“半午睡”的方式，就是让一些午睡时间晚、午睡时间短的孩子，先在别的地方单独做一会儿安静的手工游戏，然后再安排入睡。

（2）调整家长和老师的期待。如果上面这两种方法都尝试了，但还是以失败告终，那么需要家长和老师做一些变通。因为孩子所需要的睡眠总量是有个体差异的，确实有些两三岁的孩子以及更大一点儿的孩子，他们中午不愿意睡觉，是因为晚上的睡眠对他们来说就足够了，他们白天清醒的时候精神状态也很好。

有的孩子在完全睡不着时被强迫躺在那里，无聊之下会出现玩弄生殖器或者啃咬手指甲的情况。所以，如果孩子真的不午睡精神状态也很好，其实就没有必要强迫孩子，否则容易导致午睡成为孩子焦虑的来源。与其让妈妈把孩子带回家，不如考虑妈妈和老师沟通一下，有没有可能让孩子中午时一个人安静地在单独的房间里面玩玩具或者看书。

12. 入园后孩子出现行为倒退怎么办

问 “宝宝 4 岁，开始去上幼儿园了，虽然刚开始几天会哭，但是很快就能接受，据老师说和小朋友玩得也很开心。但是我们发现好久不尿床的孩子晚上又开始尿床。我该怎么办？”

答 根据这位家长的描述，这位小朋友的适应能力还是很不错的，因为在一个新的环境里，他“很快就能接受”，“和小朋友玩得也很开心”。

至于尿床，在生活中发生的让孩子有心理压力的事件（父母吵架、上幼儿园、好朋友搬家离开、被父母打骂、换保姆等），都有可能让已经完成排便训练的孩子出现“排便倒退”。

家长要明白：虽然孩子适应能力很强，但毕竟面对的还是全新的环境，需要孩子努力接受并内化和家里完全不同的生活作息以及规则模式，照料他的也不是他从小依赖的家人，而是还不太熟悉的老师。大人换个工作环境都需要一段适应期呢，更何况孩子。

家长可以考虑这样处理：

（1）不要因为孩子尿床而批评和责骂孩子，平静地让孩子和自己一起清理床铺和衣物就好。家长无须特别焦虑，保持轻松的心态。

（2）和孩子聊幼儿园的时候，尽量用轻松愉快的语气。和孩子聊他觉得开心的事情，而不要用焦虑的负性提问，比如："老师有没有批评你啊？""有没有小朋友欺负你？"如果孩子无法用语言描述幼儿园的情况，那么可以和孩子一起进行角色扮演小游戏，家长演小朋友，孩子演老师，一般都能大概了解孩子在幼儿园里的情况了。

（3）给孩子正向的回馈。告诉他，老师说他在幼儿园表现很棒，你觉得特别高兴。通常情况下，当孩子完全适应幼儿园的生活以后，这种"排便倒退"就会消失，无须担心。

值得提醒的是：除了这位妈妈所反映的"排便倒退"，很多孩子入园后也会出现"睡眠倒退"，比如出现夜醒、睡梦中哭闹等情况，家长要有思想准备。

13. 老师可以给孩子发奖励贴纸吗

问 "孩子刚上幼儿园小班，老师会发奖励贴纸。孩子一开始每天都会带两三张贴纸带回家，但慢慢地老师对于贴纸发放要求提高，孩子有时会拿不到，大人特别是爸爸每次就会问为什么没拿到，哪里做错了，是不是又不乖了。这样的方式好吗？"

答 行为奖励总是一个能引起很多讨论的话题，我多啰嗦几句。

常见的说法是如果给孩子的行为以物质奖励（甚至口头鼓

励），就会弱化孩子的内在动机，等于在贿赂孩子，或者让孩子为了讨好父母而努力。

其实这样的看法我个人觉得过于片面了。因为在学习某种技能或者养成某种习惯之初，孩子会有不那么熟练、不那么有信心去尝试的阶段，而行为奖励（或者说强化）就是在这个阶段鼓励孩子去尝试的办法，非常适合新的行为模式的建立。

我不反对个人的内在驱动力是最好的维持和推进因素，但是在内在驱动力还没有产生的时候，外在的鼓励是让孩子尝试和建立内在驱动力的基础。比如，孩子一开始学钢琴，并不会弹出乐章，会因为指法出错而经常沮丧，这个时候的外在驱动力（坚持练习的物质奖励、父母的鼓励表扬等）是孩子坚持练习的基础。当孩子自己在练习中有越来越多进步时，就会获得越来越多的成就感，而这种成就感就会促使代替外在驱动力的内在驱动力的产生。

但是使用外在奖励的时候是有一些注意事项的，比如：

（1）对孩子的喜好物进行评估，尽可能选取不同的强化物。强化物包括玩具、游戏活动、亲子时间、屏幕时间、物质奖励等，这样当一个强化物饱和后，还有其他的强化物代替。

（2）使用外在物质强化物的同时，搭配社交强化。比如口头表扬和鼓励。口头表扬注意要侧重孩子的努力过程，不要过分强化结果。

（3）在行为建立以后，逐步弱化物质强化物。比如逐步使行为剂量和强化之间的比例变大，这个过程中社交强化可以维持。

回到这个问题，老师开始拉大行为付出和物质强化物的比例，其实是对的，但是我觉得家人可能需要改变对物质强化物的理解和态度。大人在行为付出和物质强化物比例逐渐改变的时候，更应该关注的是从社交强化上进行的替代，而不是纠结物质强化物的数量变化。

家人想要了解孩子的表现也无可厚非，但是先入为主认为物质强化物的减少就等于“孩子不乖”“做得不好”，或者因此责备孩子，反而有可能会加大孩子对物质强化物的执着。

建议家长每天以积极的眼光去看待孩子得到的奖励，从肯定着手，从正面的角度和孩子聊聊幼儿园的情况。比如：“今天老师为什么奖励你啦？”“今天幼儿园有哪些好玩的事情？”“有没有你特别喜欢的小朋友啊？”……

如果孩子说他今天哪里做得好所以老师奖励了他，我们也可以给予侧重于他行为本身而非奖励的评论：“哦，你今天在……时候，做了一个好的决定和判断。”

如果孩子没有拿到奖励，不要特意去提及或者责问他哪里做错了，建议仍然侧重于和孩子用发散式聊天的方式了解他在幼儿园的情况。如果孩子主动说自己今天没有贴纸，可以就着孩子的话来和他一起讨论，下次遇到类似的情况，可以有哪些不同的做法和决定。

14. 孩子会不会被同学嘲笑

问 “我的儿子 3 岁，在家发生意外额头受伤严重，缝了十几针，目前在家休息没去幼儿园。孩子发生意外后情绪稳定，不哭不闹，但我很担心过几天去幼儿园小朋友会怕他的伤口或者嘲笑他不跟他一起玩。我该如何跟老师沟通？如何正确引导他？”

答 就这个提问，我想和大家聊聊因为某些原因父母担心孩子被嘲笑或者被排斥的情况。

（1）孩子的生活中会有各种情况发生，并不会都被小朋友嘲笑。孩子有可能因为受伤缝针，或者胳膊打着石膏等。小朋友可能好奇，也可能询问发生了什么，甚至有可能看到他们的伙伴受伤了，在各种活动中伸出援助之手。当然，也不能完全排除有小朋友觉得受伤的孩子走路的姿势奇怪、身上的包扎或者伤疤难看，所以当众嘲笑孩子的情况。

通常情况下，老师对孩子的影响是很大的。如果家长事先和老师沟通一下，老师直接在班上对同学说明孩子经历了什么，请大家多帮忙照顾受伤的孩子， 整个班级的行为大方向就会被定下来。

如果有小朋友嘲笑孩子，老师应及时制止，或者孩子自己及时制止，制止不了的告诉老师，那也能有所帮助。除了这些，有些老师还会组织班上的同学在孩子的石膏上写下祝福，那也非常温馨的。

对于受伤要贴纱布或者贴创可贴，家长也可以给孩子选择一些上面有可爱图案的。我家小团子曾经因为看到别的小朋友额头上可爱的创可贴，回来要求也买一样的。

（2）如果孩子的身体和别的孩子有些不一样，怎么做？比如，有的小朋友耳朵旁边有个“子耳朵”，有的小朋友有 6 根手指，有些小朋友因为先天因素或者后天事故导致四肢伤残，等等。

通常情况下，如果早期通过手术治疗可以解决，最好在咨询医生后，趁着孩子还没有认识到自我形象和别的孩子不同时尽早解决。

对于会伴随孩子终生的问题，当孩子开始意识到自己的不同时，父母就需要注意孩子的情绪和自我认知了。诚然，父母会尽一切努力来保护孩子，比如和老师沟通，请老师让小朋友不要嘲笑孩子，等等。 但是，因为这些问题是会伴随孩子终生的，父母的保护无法照顾到孩子生活的方方面面和各个年龄段，所以最重要的是要培养孩子乐观坚强的心态。

这种心态的培养不是一朝一夕就能完成的，父母首先要做到的是不在孩子面前自怨自艾，要去发现孩子的各种闪光点和与众不同之处，在遇到困难的时候不放弃尝试，鼓励孩子去帮助更需要帮助的人，让孩子发现自己的价值……

就如同一位妈妈所说，当有人嘲笑自己的孩子“长得丑”，孩子不会因为这句评价大哭着不敢出门，而是会说：“我不丑，我是最特别的，我也很可爱，而且我还特别厉害！”

15. 孩子有一个现实生活中不存在的朋友怎么办

问 “同事的女儿在幼儿园中班，最近半年经常提到一个名叫小葡萄的小朋友，说是新转来的同学，4 岁半，她们总是一起玩各种游戏。直到昨天，她妈妈才知道班里根本没这个小朋友，应该是她女儿幻想出来的人物。这种情况应该怎么对待呢？”

答 有个现实生活中不存在的朋友确实会让很多父母非常担心，其实这种担心在全世界父母中都是普遍存在的。20 世纪 90 年代以前，有人认为孩子和虚拟的朋友玩耍是因为孩子有精神问题，有人认为孩子是被恶魔影响了，还有人认为孩子的那个朋友是家里的“守护神”，只有孩子可以看到……听起来是不是很吓人或者很神奇？

其实呢，有个虚拟的朋友并没那么夸张，这是3~8岁儿童经常出现的情况。研究发现，虽然有虚拟朋友和没有虚拟朋友的孩子在智商上没有显著差异，但是有虚拟的朋友的孩子在语言发展和社交能力上有更多优势。

为什么会更有优势呢？因为玩耍。可以想想，当孩子拿着玩具火车发出“呜呜呜”的声音时，他们其实就已经开始在做模拟想象游戏了。如果出现一个没有实物依托的看不见的朋友，孩子却可以和他一起玩游戏，要一人完成两个人的对话，是不是对语言互动有更多要求，也需要更多的换位思考？

那孩子会不会分不清想象和现实，像一些精神疾病患者那样呢？研究发现，孩子其实是能分得清的。有的孩子看父母当真了，还会好心提醒他们：“妈妈，你知道小T是假的吧？”

所以，如果孩子和父母聊起她的虚拟朋友，父母不需要紧张害怕，更不要觉得是自己教育的问题而让孩子感到“孤独”或“精神出问题了”。我们可以和孩子一起想象对话，孩子可能会给你很多好玩的信息，比如“小T的家乡在太阳上，他到地球上来寻找宝藏，可是他的飞船坏了”……其他时候，如果孩子不提及，那么该怎么陪孩子就怎么陪孩子。

通常到了学龄期，孩子会结束这种虚拟伙伴的游戏，或者不会再公开表达出来，只是晚上一个人睡觉前会想象一下。

16. 孩子有什么样的表现应该停止送幼儿园

问 “朋友的孩子（2 岁）送幼儿园第一天哭得少，第二天哭得多且不吃饭，回家跟妈妈生气，第三天一上午就抱着移情物独自趴在地上不动也不理人，妈妈去接也没什么反应，回家哭，爸爸带着玩也呆呆的。我想问一下：送幼儿园孩子的不适应到什么程度应该考虑停止送？”

答 通常情况下，孩子去幼儿园都会经历一段时间的分离焦虑。尤其是才 2 岁的孩子，语言沟通和理解还不顺畅，认知上也很难理解爸爸妈妈送他去幼儿园不是不要他了，所以送幼儿园往往会经历更多的分离焦虑。

但是这并不代表孩子不能适应。很多孩子在经过 1~2 周的固定时间接送，就基本能理解爸爸妈妈不是不要他们，也能适应幼儿园的作息，开始和老师建立依恋，并开始建立伙伴关系。所以一般孩子在第一周内的情绪表现不应该作为停止送幼儿园的指标，虽然有些孩子会哭闹不止，有的则是消极被动的伤心。

但是就目前的情况来说，不停止送不代表什么都不做。比如考虑和老师申请先每天送 1~2 个小时，家长陪同；再过渡到每天送半天，家长陪同；最后再过渡到送半天，家长不陪同。同时还需要考虑的是，孩子回到家以后父母和孩子的整体互动时间和互动质量。

如果这种家长陪同过渡的方式孩子都反应激烈，无法适应，家长就需要考虑是否等孩子大一点儿再送了。

此外，一般程度的分离焦虑并不需要特别担心，但是如果孩子出现分离焦虑障碍就需要引起重视了。根据 DSM−5（焦虑障碍诊断标准），符合以下标准中 3 条及以上，就可以被确诊为分离焦虑障碍。

· 想到分离或者经历分离时反复出现过度焦虑；

· 持续过度担心会失去主要依恋人（疾病、意外伤害、去世等）；

· 持续过度担心自己会发生意外导致与主要依恋对象分离（自己被绑架、发生意外等）；

· 持续不愿意出门去任何地方；

· 持续过度担心自己一个人独处，无论是在家中还是其他地方；

· 以前可以，但现在持续拒绝独自入睡；

· 重复出现分离主题的梦魇；

· 分离时重复说身体不适。

除了以上症状，害怕、焦虑或者回避需要持续至少 4 周，分离时症状严重影响孩子社交、日常生活、学习等方面，且这些症状不能用其他医学原因解释，亦被列入判定标准。

第八章

解答身体的奥秘，让孩子免受性侵害

当孩子问他们从哪里来时，有一些爸爸妈妈不知如何回答，于是告诉孩子他们是捡来的；

有很多爸爸妈妈因为孩子玩弄自己的生殖器或者摩擦会阴部位而担心着急；

有妈妈生气地在群里反映：幼儿园里一个男孩掀女孩的裙子，“想看看女孩子用什么尿尿”；

我小时候，因为想看弟弟和我长得有什么不同而被揍过，也曾经因为相信我是妈妈洗衣服时从桥头捡的而伤心痛哭。

但是，父母应该让孩子在合适的年龄了解合适的性教育知识，包括：自己身体部位的正确名称，有哪些是隐私部位，“内衣原则”是什么，对自己以及他人身体界限的尊重，等等。

1. 如何教孩子保护自己的隐私

问 “我家小朋友5岁1个月，家里来了一个大他10个月的表哥。他们现在会一起洗澡，洗澡的时候会玩小鸡鸡对着小鸡鸡、小鸡鸡对着屁股的游戏，而且把浴室门拉上不给我们看。这个时候要干预吗？”

答 幼儿和学龄前儿童的这种隐私部位的游戏其实并不罕见，处理起来通常需要根据儿童的年龄以及游戏形式不同而有所区分。

孩子年龄相仿，在一起玩“你给我看看你的小鸡鸡长什么样子，我也给你看我的”游戏、比赛谁尿得远，或者想要了解男孩女孩为什么上厕所的方式不同，以及模仿大人给其他小朋友喂奶，这些通常和孩子的好奇心有关。

有时候因为一直被教育隐私部位不能让人看到，很多孩子会觉得隐私部位很神秘，突然和同龄孩子一起洗澡，你看到我的，我也看到你的，会觉得很有趣，其实并不涉及“性”的概念和联想。有些男孩大小便前阴茎会勃起，或者会在看到其他男孩大小便的时候阴茎勃起，这在儿童中也很正常，如果看到不用担心。

需要注意的情况是：一个学龄前的孩子如果对看别的小朋友的隐私

部位很执着，只要和小朋友在一起就无心玩其他游戏，强行脱其他小朋友的衣服并抚摸，或者强制其他小朋友对自己这么做。这时，家长需要考虑孩子是否曾经经历过性侵犯。学龄前儿童如果对同伴或者更小的孩子做出性行为，需要引起重视。

对于所问的问题，我的建议是：

如果家长觉得可以接受，也确认孩子在一起只是觉得好奇好玩，大可不必干预太多，可以顺其自然。通常孩子的好奇心被满足了，这些关于生殖器的游戏就会停止，但是要对游戏的发展走向保持注意。

如果孩子的这种游戏让家长特别焦虑不安，鉴于孩子们已经知道彼此的隐私部位构造相同，满足了好奇心，不妨以后尽量不要让孩子们在一起洗澡。同时，对孩子进行性教育，应着重于不同性别儿童的身体特征、如何保护自己、如何尊重他人的身体。家长可以试着和孩子聊聊，比如："你们在做什么呀？""你们怎么想到这么玩的？"……既可以用此作为性教育的引子，也可以排除孩子看过成人录像或者受过性侵犯的可能性。但是如果孩子不愿意聊这个话题，我也不建议强迫。

家长不要因为这个问题表现得很严厉或者特别焦虑，因为这样既会导致孩子自己感到羞愧，也会关上孩子以后就这类问题和大人沟通的大门。

2. 如何预防孩子遭遇性侵犯

问 “最近看到好多篇关于性侵犯儿童的报道，我们做父母的应该如何预防呢？”

答 预防儿童遭遇性侵犯，不仅仅是父母要多留心，不要随意把孩子交给别人照看，也需要教会孩子如何保护自己。

欧洲儿童保护委员会提出了“内衣原则”。“内衣原则”是指内衣覆盖的身体部位是隐私部位，不能随意展示给别人看，不能让人随意碰触，也不能随意观看或者碰触其他人的隐私部位。配合图片展示非常形象，而且操作性强。尤其是对于学龄前儿童，这个方法能帮助父母更清楚明确地和孩子说明隐私部位的重要性，孩子也容易理解。

“内衣原则”具体应用指导如下：

（1）在幼儿期，父母就应该像教孩子认识身体的其他部位一样，教会孩子生殖器的名称，不建议使用代称。关于这点，有个真实的例子：美国有位妈妈告诉她女儿，她的生殖器叫“宝石”。然后有一天，当这个女孩告诉女老师，有个男老师摸了她的“宝石”时，那个女老师不明白，也没有引起重视，结果导致这个女孩遭受了长达一年多的性侵犯后才被发现。当然，像“小鸡鸡”这种每个人都明白的代称用起来应该没有问题，千万不要用只有少数人懂的词语。

（2）区分可以的碰触与不可以的碰触。告诉孩子，他们的身体只属于他们自己，不能随意展示给别人看。如果不经过他们的同意，任何人都不能碰触他们的生殖器，即使是他们爱的人也不可以。同时告诉孩子，他们也不能随意碰触他人的生殖器。

儿童一般很难区分合适的身体碰触和不合适的，也不太明白隐私部位和非隐私部位的区别。"内衣原则"可以帮助孩子比较容易地区分合适或不合适的身体碰触。父母可以告诉孩子，内衣所遮盖的部位是隐私部位，是不能让人随意碰触的。同时也告知孩子，任何时候，当他们不确定别人的碰触是否合适的时候，都可以询问他们觉得信任的人。

需要提醒的是，有时候生殖器的碰触确实会产生身体的快感，如果用"好"或"不好"来定义碰触行为，可能会令孩子产生困惑。因此建议使用"合适""不合适""可以""不可以"来定义碰触行为本身，而不是用"好"和"不好"来定义生殖器碰触行为的"质量"和"感受"。另外，父母要向孩子解释，有的时候照料者或者医生确实需要碰触他们的隐私部位，这种碰触是合理的，但是如果他觉得不舒服，同样也有权利说"不"。

（3）要教会孩子说"不"。告诉孩子，遇到任何人在任何情况下不恰当地碰触他们的身体，都要立即直接地说"不要"，尽快离开不安全的地方，并告知他们觉得可以信任的人。那种性侵儿童的人通常不敢明目张胆，如果孩子能坚决大声说"不"，他们通常会马上放弃。

（4）一定要对孩子强调：如果你所信任的人不相信你所说的话，一定要坚持告诉其他可以信任的人，直到有人认真对待你所说的话。父母尤其需要重视的是：如果孩子告诉你有人不恰当地碰触了他的隐私部位，而这个人很可能是你的亲戚或者其他认识的人，千万不要想当然地认为孩子是在撒谎，或者那个人只是在开玩笑。认真了解事情的来龙去脉，即使是开玩笑，也需要告诉那个人，以后不要和孩子开任何关于生殖器的玩笑。

（5）区分好的秘密与坏的秘密。隐蔽性是儿童性侵犯者的主要策略，所以父母需要教会孩子区分好的秘密和坏的秘密，并时刻向孩子展示信任。告诉孩子，任何让他们觉得紧张、不舒服、害怕或者伤心的秘密都不是好秘密，应该告诉他们信任的人（父母、老师、警察、医生等）。

另外，美国儿科学会关于预防孩子遭受性侵的建议也可以作为参考：

第一，信任名单。为孩子拟一份可以信任的人的名单（至少两位），告诉孩子，当他们遭受“不可以”的碰触时，要至少告诉两位可以信任的大人。之所以是“至少两位”，是预防某个大人当时联系不上，或者某个大人以为孩子是撒谎或开玩笑从而不认真对待孩子的倾诉。两位可信任的人能提高儿童性侵犯被发现的概率。

第二，如果有大人给你的孩子送特别的礼物或者玩具，或者有大人想单独带你的孩子去特别的场合，要引起重视。这样说可能会伤一些朋友的心，因为有些人是真的因为喜欢孩子才送孩子玩具，而且送玩具给别人家孩子在中国也特别常见，送的玩具种类也各种各样。但是，为了安全起见，家长心里还是要有杆秤，相信明事理的朋友也能理解。

第三，送孩子去幼儿园和学校之前，要确定学校有“开门政策”，这意味着家长可以随时去看孩子，或者参与孩子的各项活动。这在国内许多幼儿园还难以实现，也是需要家长和社会共同努力推动的。若确实没有机会，家长也应该尽量多地了解孩子学校的环境和老师。

第四，不要避讳和孩子谈“性”。随着孩子年龄的增长，家长应逐渐在家中创造一个可以自由讨论两性话题的氛围。可以通过绘本或者新闻故事来和孩子讨论如何保护自己，并向孩子反复传递一个信息：受到任何形式的性侵犯都要告知父母。

其实在美国和其他很多国家，儿童性侵犯也是一个普遍存在的问题，有专门的法律法规、政府机构和社会团体来惩戒和预防性侵儿童行为，并为遭到性侵的儿童及家庭提供相关的援助和支持。目前国内这样的保障和社会服务系统尚不完善，这就更需要父母们提高警惕，加强对孩子的性教育意识，教会孩子更好地保护自己。

3. 什么样的孩子更容易遭遇性侵犯

问 “被性侵犯的孩子有什么固定的特点吗？什么样的孩子更容易遭遇性侵犯？”

答 首先要非常郑重地提一点：孩子遭受性侵犯不是孩子的错，不是因为他们穿了什么不该穿的衣服，也不是因为他们留了长发或者短发……他们是被害者，他们没有做错任何事情。

不过，有些情况下，确实有些孩子更容易成为这些犯罪者的目标，所以父母要引起高度重视。

（1）父母不在身边的留守儿童。大量的研究数据都显示，留守儿童因为父母不在身边，祖辈老人农务繁忙或者不具备防范警觉意识，他们被性侵犯的概率更高。

（2）**服从性好、自信心水平低的儿童。**统计研究显示，“容易受到性侵犯的儿童大多数具有服从性好、自信心水平低等特点”。因为服从性好，所以他们会顺从“长辈”的要求，无论自己内心是否抗拒和不舒服；因为自信心水平低，所以他们不敢说出自己的感受。

作为父母，相信每个人都希望保护孩子不受任何伤害，但是父母是不是将孩子养育出了易受伤害的特质呢？抛开父母婚姻状态、所居住社区的特点等原因，来看看下面这两个场景：

第一个场景（真实所见）：

妈妈带着孩子去走亲戚，亲戚看到孩子很喜欢，想要抱抱孩子或者要亲孩子的小脸，孩子不愿意，往妈妈怀里缩。妈妈说：“没关系，叔叔喜欢你才要抱你亲你的呀！”见劝说无效，亲戚一边捏着孩子的脸蛋，一边说：“看这小脸和红苹果似的，还害羞呢！你给叔叔抱抱，叔叔给你糖吃哦！”妈妈帮腔：“给叔叔抱抱吧？”……

这个场景有多少人熟悉？这是我看到过的真实场景。这样的场景里，如果大家把这个叔叔换成爷爷奶奶、伯伯婶婶，会不会觉得在过年过节走亲戚时很常见？

这有什么问题吗？有。当孩子不愿意被抱被亲的时候，作为孩子最信任最亲近的人不是尊重孩子的想法，而是告诉孩子“陌生人对你做亲昵动作是因为喜欢你”，对于幼小的孩子来说，他会不会在以后遭受性侵犯的时候，因为侵犯的那个人对他说“我这样做是因为喜欢你”就信以为真？当孩子不愿意被陌生人（对于孩子来说）抱的时候，陌生人说给抱就有糖吃，妈妈也在一旁鼓励，这会给孩子传递一个怎样的信息？用玩具、零食、钱物等吸引小朋友是性侵犯者的常用伎俩，做父母的不得不防。

第二个场景（同样亲眼所见）：

在路上，妈妈在前面快速走着，妈妈后面不远处跟着一个小男孩，一边跟着妈妈走一边犹豫地朝后看。后面是什么呢？是一个三四岁的小姑娘，一边哭一边小跑。妈妈回头对男孩说：“快走，她这么不乖，总是哭，我们不要她了！”于是小姑娘哭得更凶了，大叫：“妈妈，妈妈，我乖乖了……”

有多少家长也扮演过这个场景中妈妈的角色呢？这有问题吗？有。

且不说亲子依恋和安全感的具体内容和注意事项了，只需要想想：一个情绪表达被长期压抑的孩子，会把父母视为具有包容性且安全可依赖的对象吗？他们会在遭受一些让他们不舒服、羞愧害怕的事情时，及时告诉父母吗？面对一个难以接受孩子激烈情绪的家长，孩子敢于表露自己的各种情绪吗？

除了以上这两个例子，还有多少家长在日常照顾孩子的过程中逗弄孩子的隐私部位，即使孩子抗拒阻止也不停止？很多父母认为这样是因为爱，但是完全可以采用更尊重的方式、更健康合适的方式和孩子亲密接触。

4. 孩子对父母的身体开始好奇时该如何引导

问 “前几天我抱着 3 岁的儿子，他突然摸着我的胸问：‘妈妈，你这里怎么了？为什么这么大？’请问我该怎么回答呢？”

答 类似于这位妈妈遇到的问题，我自己也有过亲身经历：早上急着出门，赶着换衣服，当时还不到 3 岁的小包子突然指着我的胸部说：“妈妈，这是什么？我要摸一下！”有一次给洗完澡的妹妹穿尿布，他又很惊讶地大叫：“妈妈，妹妹的小鸟鸟不见了！”

从两三岁开始，孩子们开始发现原来小朋友是分“男孩”和“女孩”的，这个时候他们对于男孩和女孩的区分是依据服饰、发型、声音等外在特征进行的。就像小包子说的：“爸爸是男孩，因为爸爸是短头发；妈妈是女孩，因为妈妈是长头发；妹妹是女孩，因为妹妹穿粉红色的衣服。”这是性别认同的开始，孩子们学会区分不同性别，并将自己归属为其中的一类。

这个年龄段的孩子问这些问题并不是因为好奇“两性”，只是单纯地好奇。“妈妈身上的这个是什么呢？”“为什么摸起来软软的呢？”“是用来做什么的呢？”“为什么妹妹和我看起来不一样呢？”

而且，这个阶段的孩子通常问过就完了，不太会像更大一点儿的孩子那样持续地感兴趣并想要碰触和实验。这里继续讲我们家小包子的第一个问题。在我告诉他“这是奶奶，是妹妹喝奶奶的地方”后，他伸手摸了一下，然后很担心地问我：“妈妈，你奶奶摔了一个包吗？很疼吗？”我正在快速思考如何更好地和他解释身体部位，被他这一句话问得哭笑不得。有一首英文儿歌叫 *Five Little Monkeys Jumping on the Bed*（《五只小猴子在床上跳》），讲的是 5 只小猴子在床上蹦跳，然后逐一摔到地上，头上都肿了一个大包。他很爱唱这首儿歌，也很爱看这个儿歌视频，所以他认为我和那些猴子一样摔了，肿了一个包呢！

所以，这个年龄段的孩子真的只是单纯地想知道是什么，和他指着某个玩具或者某只动物问你“是什么”类似。我总觉得，孩子迟早会知道成人与儿童、男性与女性的身体差异，与其晚，不如早。

幼儿在单纯好奇的情况下，像学习各种不同水果一样了解了自己的身体，他们就会不再好奇，继续其他各种游戏和探索。所以这个时候爸爸妈妈可以像给身体其他部位命名一样，教宝宝给自己的身体部位命名，并告诉他们，这些部位是不可以随意给其他人看或者碰触的。

而早期认识了这种身体差异的孩子，在学龄期以及青春期接受两性教育的时候也会更顺畅，因为他们已经提前获知了自己身体的变化，不会在青春期变化来临时觉得恐慌焦虑。

由于日常和妈妈的亲密接触更多，所以这个年龄段的孩子通常都是最先发现妈妈的身体和他们的不同，从而问出各种让妈妈们有点尴尬的问题。那么，妈妈们应该怎么办呢？

在孩子小的时候和孩子一起洗澡是一个方式，给孩子一个机会了解父母的身体和自己的身体的不同。给父母一次机会为孩子提供他们好奇的信息，孩子越小，这个过程就越容易进行。其实除了和孩子共浴，也可以利用换衣服的时候、去游泳的时候给孩子机会了解，但要考虑孩子的年龄、认知以及父母接受度等因素，这个在之前的问题中讨论过。

哪怕孩子很小，如果家长自己实在很排斥或者无法比较平静地与孩子共浴，那也不用强求。因为无论孩子是有意还是无意看到大人的裸体，大人的反应对孩子的影响深远。大人如果特别生气或者动作忙乱地遮掩，他们对大人当时的反应就更难以忘怀。有的孩子好奇心被放大以后，会在大人洗澡、换衣服、上厕所等时候故意闯入或偷看。

另外，爸爸妈妈还需要注意：

（1）父母尽量不要在孩子面前随意裸露自己。虽然有人认为在孩子面前裸露身体可以给孩子最自然的状态，但是父母应该通过自己的行为向孩子传递一个信息：隐私部位是自己的秘密，不能随意暴露于人前，也不能随意让他人碰触。

（2）父母的内衣不用特地藏起来，但最好在固定的地方洗晾和收放，更不要随手丢得到处都是。让孩子形成一个概念：这些是很正常的衣物，但是应该妥善收纳。

（3）对于孩子探索自己身体的行为不要阻止或呵斥。可以告诉他这是个人私密部位，不适合在公共场合让别人看到。引导孩子保持身体清洁，养成良好的卫生习惯。

（4）对于孩子有意或无意观察大人身体的行为，坦然面对，不要反应过度，以免孩子觉得大人的反应有趣，反而出现更多探索和实验行为。

（5）不回避孩子的相关问题。当孩子提出有关两性身体方面的问题时，父母不应回避，可以用孩子能理解和接受的语言和方式给予解答，使孩子的好奇心和求知欲得到满足和解决。

（6）不要因为孩子不是父母所盼求的性别，或者双亲偏爱男孩或女

孩，就有意识地把女孩打扮成男孩，或者把男孩打扮成女孩。虽然严格来说，我希望不要有对性别的行为和装扮的刻板印象（比如，认为粉红色只能女孩穿、蓝色只能男孩穿），但是如果父母在内心里期待孩子是另一个性别，这是可以通过父母对孩子的装扮以及自身的言语、肢体信号等传递出来的，这对于孩子的性别认同是有影响的。

5. 可以通过亲子共浴进行性教育吗

问 “最近看了好些文章都在讲亲子共浴，说当孩子对爸爸妈妈的身体感兴趣的时候，可以进行亲子共浴满足孩子的好奇心，这个理论靠谱吗？有的孩子这种好奇心来得比较晚的话，还能这样做吗？曾经还看到过有妈妈说直接用自己的身体给孩子做性教育，这样好吗？”

答 亲子共浴其实很大程度上受文化和习俗的影响，在不同国家和文化中接受度不同。如果在合适年龄内，亲子共浴是可以考虑的一种儿童性教育方法，但并不是唯一的性教育途径。

如果父母觉得非常尴尬，非常不舒服，那我觉得不一定要这么做。一方面，就算进行了亲子共浴，但是如果父母特别尴尬，大人的遮掩和紧张不适也会让孩子感觉到；另一方面，在养育过程中，无论哪一种教育方法，在满足孩子需求的同时，父母也能应该最大限度地让自身感到轻松舒适（虽然不可能完美达到）。

了解身体部位和男女不同，如果我们大人觉得很难受，完全可以用其他替代的方法。比如，参观人体模型展，使用各种逼真的性教育娃娃，观看、阅读性教育视频、绘本等。

还有一点，孩子稍大些我们会告诉他们“身体边界”，我们会告诉孩子“隐私部位”是什么意思，并且会告诉他们除了必要情况下（看医生、父母帮忙清洁等），隐私部位不要让别人看到和碰触。如果这个时候坚持亲子共浴，其实会让孩子模糊身体边界，而即使是父母子女，也是应该逐渐明确身体边界的。

如果父母觉得可以接受，那么亲子共浴是否有年龄限制？

其实父母和孩子之间的亲密的肢体接触不仅仅包含共浴，还包括帮忙洗澡、帮忙便后清洁、特殊情况下帮忙涂抹药物等。这个问题的回答应该是：年龄限制肯定要有。那么，同性亲子和异性亲子之间这些亲密接触的年龄是否不同？孩子自己的能力水平如何？不同文化背景的接纳程度如何？……这些都需要考虑在内。在没有一个绝对化的操作指南之前，目前更多依靠的是“专家共识”，也就是绝大多数这个研究领域的人的意见，而不是某一个人的意见。

参考美国700多位儿童心理学家、儿童精神病医生以及儿童保护组织社工的意见，父母和孩子停止身体亲密接触（共浴、帮忙洗澡、便后清洁等）的孩子年龄平均值的建议是：共浴不超过3.3岁，帮忙洗澡不超过4.7岁，便后清洁不超过4.0岁。

当然，美国的情况不一定完全适合中国，但随着孩子年龄的增长，有意识地建立起身体边界还是很重要的。很多父母会担心孩子自己洗澡洗不干净，其实如果能有意识去教孩子，他们是可以做到的。我家两个孩子，都是在 3.5~4.5 岁就学会了自己洗澡。我给他们编了洗澡的儿歌，唱下来就不会漏洗什么地方，我也重点教他们如何清洗隐私部位和背部（如果是淋浴会更简单）。

最后想要提的是，儿童性侵犯发生在家庭中的比例其实是很高的。所以在美国的儿童性侵犯防护中，亲子之间在孩子达到一定的年龄后还没有建立起身体边界是涉嫌性侵犯的。

要知道，性侵犯不仅仅是生殖器之间的接触，还包括强迫或者诱导孩子观看成人影片和成人裸体。孩子大了还亲子共浴，那性教育和性侵犯之间的这条线是很难画清的。

6. 与孩子亲昵如何把握尺度

问 “有位父亲在高铁上和 5 岁的女儿嘴对嘴亲吻，手撩起衣服抚摸女儿背部，并伸进女儿裤子里面捏她的屁股，这件事情在微博上掀起了轩然大波。但也有网友说：‘亲生父亲怎么可能猥亵自己的女儿？这只是父亲表达亲昵的方式，大惊小怪！’请问您怎么看？”

答 我看过这个新闻，确实有很多网友觉得“因为是亲生父亲，所以不可能猥亵自己的女儿”。其实，亲生父亲猥亵甚至性侵犯孩子（无论男孩女孩）都不少见，而且这种情况在不同国家、不同文化中都是存在的。

美国的相关数据显示，14 岁以前被性侵犯的儿童当中，有 60% 是被包括父母在内的家庭成员性侵犯的。

肢体碰触确实是大人在照顾儿童的过程中不可避免的，有时候也是一种情绪沟通的方式。但是，确实很多父母或者其他成年的家人会把对孩子的身体的侵犯和猥亵当成亲昵。

同样，亲子照顾中有很多人不注意尊重孩子的身体界限，也不尊重自己的身体界限。所以孩子已经小学四年级了，妈妈还在给孩子洗澡；上高中的男孩还只穿着内裤和妈妈一起睡觉。

父母如果长期不尊重孩子的身体界限，那么很容易让孩子自己也没有身体界限的概念。而没有明确身体界限的孩子，经常会不经过允许触摸别人的身体，也往往不知道保护自己，容易成为被性侵犯的对象，甚至已经被性侵犯了还不自知。

对孩子隐私部位不必要的碰触和戏弄是不健康和不恰当的。之所以强调“不必要”，是因为有的时候父母需要帮助孩子清洁私处，或者给隐私部位涂抹药物。但是洗完澡以后玩弄孩子的生殖器、拿孩子的生殖器开玩笑，既是不必要的，也是不尊重的。

而即使是帮助孩子清洁，比如帮忙洗澡、便后清洁等，也不是没有年龄限制的。一个 3 岁的孩子，父母帮助他洗澡和便后清洁是非常正常的行为，一个 10 岁的孩子，则需要考虑这种帮忙的必要性了。

儿童保护组织在“儿童安全核查表”里会详细列出父母和孩子同床睡觉、共浴，以及家庭中身体裸露的问题。

当然，不同文化背景下这个年龄的限制可能不同，比如很多人会担心四五岁的孩子还不能在便后将自己清理干净，或者洗澡时不能把自己洗干净。一方面，我们不需要在年龄数字上和美国的这份建议完全相同，另一方面也需要有意识地去教孩子自我清洁，并给孩子机会练习。其实很多孩子能完成自我清洁的时间比父母认为的更早。

成年人日常和其他小朋友有互动，也需要重视和他们身体接触的方式。常见的交流式身体碰触包括击掌、碰拳、拍肩、拥抱等。

成年人除了要考虑身体接触方式的合理性，还必须知道的是，孩子有权利拒绝任何非必要的肢体碰触，哪怕这种碰触是拥抱。也有孩子不喜欢被正面拥抱，他们只喜欢侧面搂住肩膀式的拥抱，这些要求都应该被尊重。

有些时候，医生需要对孩子进行隐私部位的检查，这时的原则和要求包括：父母或者其他主要养育者在场，医生检查前要告知孩子和家人检查的原因和部位，温和碰触，尽可能减少不必要的暴露，快速结束。

7. 男孩子玩小鸡鸡该怎么办

问 “我们家孩子已经 6 岁了，还喜欢在洗澡时和睡觉前玩他的小鸡鸡。他小时候就玩，怎么教育都没有用，道理也讲了，骂也骂了，甚至我还打过他的手，但是都没有用。请问我该怎么办？”

答 每个提这种问题的家长都很紧张，担心孩子是不是性早熟，甚至还有大龄儿童的家长问孩子为什么这么“不知羞耻”，是不是心理有问题，或者是不是自己的教养方式有问题。

男孩玩小鸡鸡的行为一般是源于孩子在孩童时期对于自己身体的探索。在幼儿时期，孩子会逐一探索和认识身体的各个部位，就像小宝宝在某个阶段开始认识自己的手，经常躺在那里观察手和玩手一样。幼儿探索的身体部位包括手指、脚趾、嘴巴、鼻子、肚脐、生殖器等。但是和探索身体其他部位不同的是，儿童在探索生殖器官及其周围皮肤的时候，会产生一种快感，这种快感会成为触摸生殖器的一种强化，从而导致这种行为的持续和频率的增加。英语中把这种行为统称为“婴幼儿自慰”或者“儿童自慰”。

从儿童心理角度来看，儿童的这种行为和成人的手淫虽然形式相似，但实际上两者不是一回事。低龄儿童玩生殖器可以说是为了感官上的舒服，并不是一种成熟的性行为。幼儿玩生殖器的行为在很多孩子中会短期存在，一般随着生活内容的丰富以及慢慢懂得这种行为的“不受欢迎”，会在学龄前期逐渐减少或者停止。进入青春期后，男孩女孩自慰的发生率都会大幅度上升。据美国相关研究统计，有约三分之一的幼儿会不同程度出现玩生殖器的行为，而几乎所有的青少年都会出现自慰的行为。

也有一些儿童的这种行为因为各种原因被强化了（父母的持续关注提醒、自身的感觉、学校适应不良导致的焦虑情绪等），会持续相当长一段时间。这又反过来导致父母的焦虑和不安，给予儿童更多的提醒甚至责骂，从而形成一种恶性循环。

借这个提问，我详细讲讲如果孩子出现这种玩生殖器的行为，父母应该怎么应对：

（1）首先调整父母的态度。了解孩子出现这种行为的正常性，不要紧张焦虑，不要过多提醒，尽可能零关注。因为无论是善意的逗笑，还是生气的责骂，都有可能会强化孩子的这种行为，从而让他们更频繁地玩生殖器。

因为中国文化背景，父母可能在面对这个问题的时候自己的内心是排斥的，所以会以恐慌或焦虑的心态来应对孩子的这种身体探索行为。如果父母能正确看待孩子触摸生殖器甚至自慰的行为，能让孩子在掌控自己身体的自信中探索自己的身体、学习身体的机能，而不觉得尴尬或者内疚，那么孩子就会形成正确而自信的性观念，以后发展积极健康的两性关系。

（2）注意生活细节。不要给孩子穿开裆裤，给孩子穿尿不湿或者穿上小内裤，这样孩子更不容易碰触到生殖器及其周围皮肤。无论室内温度如何，洗完澡后都尽快给孩子穿上睡裤。孩子的衣物，尤其是内裤和裤子，要松紧合适，质地舒服，不要穿太紧的或者对皮肤刺激性强的内衣。要注意生殖器及其周围皮肤的卫生，这样可以避免孩子因为局部皮肤上的污垢的刺激而频繁触摸生殖器。同时，尽可能保持孩子的手部清洁，以免引起尿路感染。

温暖的被窝和较少的衣物，是孩子在晚上入睡前和早上醒来后更频繁地触摸生殖器的主要原因。睡前预计好时间再上床，如果提前上床，不要让孩子一个人百无聊赖地待着，可以和他一起看看书、讲讲故事。如果孩子独自入睡，建议不要总是牵挂着去检查孩子是否在触摸生殖器，顺其自然就好。醒后不要让孩子长时间赖床，和孩子进行几分钟短暂的亲子互动后就让他穿衣服起床。

中午无法入睡的孩子，在排除作息安排不恰当的原因以后，要考虑孩子所需要睡眠量的差异。确实有一些孩子每天所需要的睡眠量要相对少一些，到了3~5岁中午就无法入睡了。对于这些孩子，我更建议考虑实行“half nap”（睡一半的时间），或者让不午睡的孩子做一些安静的活动（画画、剪纸、涂色等）。因为有一些孩子在幼儿园被强迫午睡，2个多小时躺在那里无聊至极，就可能出现咬指甲、抚摸生殖器的情况。

（3）合理安排日常活动。如果孩子在洗澡或者睡前之外的时间也时不时有触摸生殖器的行为，可以考虑合理安排时间，让孩子游戏活动更丰富。游戏活动，尤其是需要双手协作的活动，可以“占住”他的手，让他无暇去触摸生殖器。

发现幼儿在玩生殖器的时候，家长不要过度反应，以平常的语调用游戏或玩具来转移他的注意力即可。不要吓唬孩子说“小鸡鸡不能碰，碰了就会肚子疼、流血”，这样会影响孩子对自己身体的正确认识，甚至可能影响他将来的性心理。

孩子大一点儿之后，父母需要教给孩子的是，和隐私部位有关的行为活动属于隐私行为，隐私行为不能让别人看到，所以不要在幼儿园做这些行为，也不要在家里其他人面前这么做。这些行为可以在他自己的房间或者厕所里进行。

一般情况下，幼儿触摸生殖器的行为在学龄前会逐渐减少和消失，也有一些孩子触摸生殖器的行为会更加频繁或者持续更长的时间。对于这一部分孩子的家长，我非常理解他们的焦虑和纠结，比如提问中的孩子已经6岁了，持续时间很长，家长自然更加着急。

美国的绝大部分医生认为，儿童期触摸生殖器，和青少年期的自慰，都是“正常而健康的行为”。通常情况下，年少时触摸生殖器并不会导致成人期性心理和性功能异常、不会导致性传播疾病发病率的增高、不会成为性犯罪升高的原因，而且在注意个人卫生的情况下，也极少会引起感染性疾病。

有些孩子将触摸生殖器作为缓解焦虑、害怕以及紧张情绪的一种方法。虽然孩子自己并没有意识到，但是家长会发现，他在压力增大时、环境变动时、被父母打骂后以及远离父母和其他人一起生活时，会出现更多的触摸生殖器的行为。如果孩子有这种情况，那父母要反思教养方式以及亲子沟通模式，尽快调整和改变。

对于学龄前期和学龄期的孩子，父母不要忽略对他们的性教育，要和孩子建立顺畅的沟通模式，主要内容包括：认识自己的身体，对自己隐私部位的保护和对他人隐私部位的尊重，身体会有哪些变化，等等。

最后需要提醒的是，出现以下情况需要求助专业人士：

· 孩子玩生殖器时间过长，每天超过 3 小时；

· 大于 6 岁的孩子不分场合，在学校等公共场合也不避他人地玩生殖器；

· 大于 6 岁的孩子故意向他人展示生殖器，或者邀请其他人来触摸自己的生殖器；

· 孩子沉迷于玩生殖器，对和他人互动不感兴趣，危害其社交功能；

· 孩子在玩生殖器时，如果被制止，就会脾气大爆发，无法控制；

· 孩子除了玩生殖器，还会出现模拟两性关系的行为，或者说一些不知道从哪里学来的和两性行为有关的词语。

8. 女孩摩擦下体怎么办

问 “我的女儿2岁了，睡前在床上会把枕头夹在下体那里，身体一动一动的，有时候要持续20多分钟，会喘粗气、流汗。请问是怎么回事？”

答 这个问题和前面男童玩小鸡鸡的问题其实是相似的，英语中把这种行为统称为“婴幼儿自慰”或者“儿童自慰”。之所以单独拿出来回答，是因为女孩摩擦下体的情况与男孩玩生殖器的情况相比相对少见，也有很多父母对这个行为完全不了解，尤其是有时候女孩在这过程中还会伴随眼神发呆或者眼睛上翻的情况，父母非常担心是癫痫等神经系统疾病。

问题中的情况中文称为“女童交叉腿摩擦综合征”，英文称为“婴儿自慰”的一种，指孩子通过摩擦外阴部位来获取快感。和男孩玩生殖器不一样的是，当女孩出现这种摩擦行为的时候，很多家长一开始并不知道孩子是怎么了，因为女孩的摩擦外阴行为不像男孩玩生殖器那样可以看到孩子的手部动作。除了夹腿摩擦以外，有一些女孩也会出现与男童玩生殖器类似的用手触摸外阴的行为。

有的女孩会趴在床上双腿交叉身体前后挪动，有的女孩则骑坐在坚硬家具（床沿、椅子扶手等）边缘进行摩擦。通常这个时候孩子会出现呼吸急促、面色发红、眼睛凝视着一个方向等表现。

要鉴别孩子的行为是交叉腿摩擦综合征还是神经系统疾病癫痫发作，可以考虑以下的操作：当孩子出现以上表现时，如果用玩具转移孩子注意力，或者强行把孩子抱开阻止她时，她会不会中断眼神凝视，会不会因为行为被阻止而生气。如果会，通常就是交叉腿摩擦综合征的行为了。家长也可以在孩子出现这种行为的时候，用视频记录下来，然后给医生看，让医生帮助判断。

为什么孩子会出现交叉腿摩擦或者抚摸外阴的行为呢？原因可能有：尿布潮湿没有及时更换或者内裤太紧刺激外阴部，外阴发痒不舒服，孩子在摩擦时意外发现这样的动作可以带来舒服的感觉，从而强化了摩擦行为。或者，家人在给孩子清洗外阴时过度刺激了孩子的外阴部位，让孩子发现摩擦外阴很舒服。

很多家长会担心女孩交叉腿摩擦综合征对其身体会造成不良影响，比如家长会问这些问题："这种行为会不会导致孩子性早熟啊？""会不会让孩子过早出现性行为呀？""会不会影响孩子长个子啊？""会不会出现妇科病啊？"……

严格来说，通常情况下，女孩交叉腿摩擦综合征会于学龄前减少和消失，在整个小学阶段都处于非常低的水平或者零水平，然后到了青春期的时候又会上升。所以，一般情况下，这种行为并不会导致孩子出现性早熟或者影响身高。而是否会过早出现性行为，更大程度上取决于孩子的家庭关系以及所接受的性教育。如果孩子用手抚摸外阴，那确实要注意手部卫生，而如果孩子在坚硬的边缘上摩擦外阴，那也有可能出现外阴红肿的情况。

那么，当家长发现孩子出现摩擦外阴的行为时，那应该怎么办呢？

最重要的一点是家长的理解和态度的改变。与男孩触摸生殖器的行为相比，很多家长对女孩的摩擦下体行为更为焦虑，觉得女孩的这种行为是非常羞耻的。所以有些家长甚至采用惩罚的方法，比如在孩子私处抹酒精、打孩子的手等，希望孩子改正“错误”，或者用言语恐吓孩子（“用手摸这里虫子会跑到肚子里”），或者对孩子进行羞辱（“坏孩子”“不知羞”），这些都会使孩子的焦虑程度增加，但自慰行为不一定减少。

孩子一方面想要通过自慰获得快感，另一方面她又觉得这么做会有危险（会生病流血、肚子里长虫子、妈妈不喜欢等），这种纠结复杂的心情会让孩子非常矛盾，从而使她的焦虑水平上升。如此一来，自慰行为不一定减少（更可能在妈妈看不到的时候增加），而且还增加了其他的紧张性习惯出现的可能性，比如啃指甲、拔眉毛等。更有甚者，童年被恐吓的经历还可能影响孩子对自己身体的认同和接受，也可能导致行为性心理发展的异常。

只有父母正确地看待孩子在幼儿期和青少年期的自慰，让孩子在掌控身体的自信中去探索身体，并且孩子不觉得尴尬或者羞耻，这才有利于孩子形成正确而自信的性观念，发展积极健康的两性关系。

具体操作的建议，和上一个问题是类似的，可参考上一个提问的回答。

9. 男孩喜欢粉色怎么办

问 “3 岁的男孩子特别喜欢粉色，喜欢粉色衣服和粉色玩具，还说要和妹妹穿一样的粉色衣服，请问这是否正常？”

答 首先，颜色和性别的对应大概是在20世纪才开始出现的。在20世纪早期粉色是男孩的衣服颜色，蓝色才是女孩的衣服颜色，20世纪中期受美国服装界的影响才变换过来。所以，颜色本身和性取向本身并没有必然的相关性，而和社会文化背景相关。

关于男孩子对粉色的喜欢，需要考虑两个方面：

（1）同胞之间互相模仿是非常常见的，也很正常。有的老大会在老二出生后模仿老二的日常行为，以为和老二一样就可以获得更多关注，比如突然开始要用奶瓶喝奶、突然使用婴儿语言等。如果是这样，那父母需要考虑调整和老大的互动以及陪伴模式。

（2）有些孩子在某个阶段会特别喜欢某个颜色，但是孩子的颜色喜好在不同年龄段通常会发生改变。即使一直喜欢粉色，也并不是什么问题，不需要担心和强迫改变。如果实在担心，那可以买一些粉色和其他颜色搭配的衣物，让孩子也习惯其他的颜色，还可以通过强化孩子对自己喜欢的动画人物的衣着模仿，来提高孩子对衣物不同的颜色的接纳度。

10. 婚姻敏感期是怎么回事

问 “幼儿园老师说要正确对待孩子的婚姻敏感期，在学校带着孩子玩结婚的游戏，让我们家长给孩子准备婚礼的衣服，孩子和女同学扮演新郎新娘。这合适吗？”

答 敏感期的说法在儿童发展和教育领域确实是个重要概念，但是现在的问题是这个概念被很多人过度扩大、歪曲和滥用了。敏感期最初来自一位遗传学家对蝴蝶昆虫的研究，后来被教育学家蒙台梭利（Maria Montessori）女士用于儿童教育和儿童发展领域。

敏感期的意思是在孩子的成长过程中，在某段时间里神经生理等基础准备好了的情况下，孩子某些特定认知和技能的发展对外界环境的影响会更加敏感。如果家长或者教育者能很好地利用这些窗口期，给孩子相应的环境和支持，就会使孩子对该项技能学习得更快，理解掌握得更好。如果没有给予孩子合适的环境支持，那就有可能会影响孩子这些能力的发展速度或者最终能达到的水平高度。

需要注意的是，家长不要因为孩子处于敏感期而过于焦虑。敏感期不是有些人强调的那样“错过了就毁了一辈子”，时间窗口也不是那么短。很多能力，即使错过了敏感期，也是可以学习的，因为人类大脑的可塑性是持续一辈子的。养育孩子，父母要注重的是优化亲子关系和互动，使亲子双方的舒适度都能最大化，每个阶段都尊重孩子在这个阶段的发展特点，根据孩子的兴趣和爱好来合理安排孩子的活动，大可不必为敏感期有没有到、有没有错过而过于担心。

目前儿童发展领域和教育领域所接受的敏感期，包含了蒙台梭利本人以及后继研究者提出的敏感期，主要有秩序敏感期、语言敏感期、运动探索敏感期、社交敏感期、小物体敏感期、感觉学习敏感期、数学敏感期、书写敏感期等。

所谓的婚姻敏感期、诅咒敏感期、打人敏感期，不过是一些人拍拍脑袋编出来的而已。

有些孩子确实在学会了“丈夫”“妻子”“老公”“老婆”“娶嫁”“女朋友”“男朋友”等词以后，会好奇这些词的意思，有时也会很认真地说要和爸爸妈妈结婚，但这只是某个阶段的好奇而已，并不是某种认知能力或者技能的发展敏感期。

家长不要用成人的眼光去给孩子额外“加料”，平静对待即可。不要故意取笑孩子，也不要刻意询问孩子：“在学校有没有男/女朋友？有几个男/女朋友？最近有没有换男/女朋友？……”

如果孩子感兴趣或者好奇，那老师带着孩子玩一下角色扮演游戏也不是问题。但是如果老师觉得这是婚姻敏感期，摆着“我是月老”的姿态，而且游戏结束以后还不停强调谁是谁的男/女朋友，这就不是妥当的做法了。